U0072327

優渥叢書

優渥叢書

優渥叢書

超慢說不回答的贏家習慣

한 템포 늦게 말하기 : 늦게 말하는 사람이 이긴다

40 招終結懊悔、預防口誤的說話技巧！

趙寬一조관일◎著　馮燕珠◎譯

目錄

進階篇

人生最難學的回話，其實是「沉默以對」

細節篇

贏家勝出關鍵是，說話時「慢慢表達」 123

應用篇　快筆記！「慢一拍說話」的技巧開大絕　169

“

我們總是急著說話，而經常感到後悔，

我們總是急著說話、行動，而經常感到後悔，

我們總是急著想、急著說、輕率行動，而經常感到後悔，

「慢一拍」原則，不只適用於話術，更是合於一切世事的優秀智慧。

”

學校都教口才、雄辯，但有教你閉嘴、慢講嗎？

二〇一七年五月，我出版了一本書，書名為《用我的方式說話》。內容強調不模仿別人，以自己的風格說話。沒什麼特別的意義，但此書正好是我出版的第五十本。出書後，我在臉書上向大家宣布暫時不寫書了，但也不是絕對不寫的封筆宣言，只是想休息一陣子，因為有點累了。

就這樣，我暫停寫書，但每天仍會發表一些文章，有時發布在部落格，有時在臉書，加上接連的雜誌投稿，及廣播節目的節目稿，事實上，幾乎沒有一天停止寫作。

因此，我習慣隨時隨地尋找靈感，無論是看報紙、書、電視、電影等等，即使在路上也會仔細觀察周遭，四處找尋寫文章的素材，儼然成了一種職業病，在我四十年的寫作生涯，這習慣早已內化為身體的一部分。

有天，報紙上一則小小的報導吸引了我的目光。內容指出，現在的上班族，有許多人為了學「說話技巧」而補習。經營這類課程的補習班業者表示，之前大多是待業者或業務人員，因為想要糾正發音和學習溝通眉角而來報名。但最近連普通上班族，也會為了練習日常說話技巧而來。為了學習「日常對話」的要領特別去補習？雖然難以相信，但這是事實，而且在禮儀之國日本也有相同的狀況。

大眾越來越注重「說話」這件事，自然而然市面上便因應需求，出現各式各樣教人如何表達，及有關話術、調整語氣的書，且此類題材往往能占據暢銷書榜。

這篇報導讓我回想起，自己已經出了八、九本關於說話的書，其中也不乏暢銷書，卻似乎還是歸納不出一個結論。於是我腦中突然浮現一個疑問：**「到底怎樣說話才算說得好呢？」**

這個問題就是我撰寫這本書的原因。在觀察市場上的書之後，我發現有關說話之道的書籍多不勝數，每位作者都竭盡所能地詳列各種要領。

例如說話時面帶微笑、用真心溝通、學習稱讚別人、不講別人壞話、眼睛直視對方、切莫打斷他人說話、說話講求簡單扼要有邏輯、婉轉表達、避免態度強勢咄咄逼人、直接稱呼對方的名字、聲音富含感情、站在對方的角度理解他人、發言要肯定、學習傾聽別人說話、甚至連如何附和他人的要領都有。

然而，我不禁想問：為了把話說好，真的需要那麼多書、理論和細微的要領嗎？即使了解這些，又有多少人會在實際對話時照著做呢？

假設到目前為止，讀者已看過多本說話類的相關書籍，若此時要你挑出唯一適用（或正在用）的原則，你會選擇什麼？我想，應該會一時不知如何回答吧！老實說，即便我已經寫過那麼多關於說話的書，也一樣沒有想法。

99%情境下都適用的「慢一拍說話術」

因此我開始思考，說話時最重要的原則到底是什麼？我決定找出一個無論在對話、討論、發表或是協商時都適用的原則。

這是很有意思的一件事。我翻遍市面上有關話術的書、將網路上的資料逐一記錄，並在每次說話時反覆思考問題的解答。經過長時間的苦惱與努力，終於找到唯一的準則──**「慢一拍說話」**。

或許有人想問我：「就這樣？」但讀者深入思考，或許會有意外的驚喜，因為這個原則不只適用於話術，更是處世之道與人際關係的根本。

不過，即使是經常巡迴演講的我，實際上也無法靈活運用這個準則。更令人驚訝的是，如此重要的原則，卻從來沒有一本說話之書集中討論過這點，也就是說，慢一拍說話原則是隱藏的「黑盒子」。

現在，就讓我們把這個盒子打開。相信讀者讀完此書後，也會同意我的論點，並驚訝於這看似平凡的原則，竟能超越話術，成為廣泛適用於日常瑣事的優秀智慧。而且實際運用後，讀者會發現這個準則不只容易銘記於心，還可以產生優秀的外溢效應。

最初撰寫這本書時，本想集中在話術方面，但過程中逐漸發覺，此原則不僅適用於與人對話、討論、會議、協商或遊說，深入探討後，甚至在領導能力和人際關係方面皆可通用。讀者處於各種說話的情境中，有效運用「慢一拍」，就可以獲得最佳效果。

總之，希望這個簡單的原則，不只可以在溝通方面發揮功效，另於待人處世上也能帶來關鍵性的效益。在這個時代，動輒一句話、一行字，都會掀起軒然大波，所以才會有人說：「不求會說話，只求不要說錯話。」

希望本書不僅可以讓讀者成為真正的「說話高手」，更期盼能對維持良好人際關係及累積生活智慧方面有所幫助。

基礎篇

「說話」這門藝術是該重修了，因為……

一失言成千古恨的7個症狀，你中了哪幾個？

市面上與說話相關的書籍琳瑯滿目，近年也有越來越多企業安排員工進行日常溝通的教育訓練，不過讀者是否曾經思考：人為什麼要「學」說話？其實，話語本身不是重點，會說話的積極目的在於處世之道。不知為何，人們容易將「處世」與「世故」連結，讓處世二字帶有些許負面意義，但此詞在漢語字典上的解釋為：待人接物，應付世情，與世人相處交往。不僅沒有好壞之分，換句話說，還可以解釋為「人際關係」。

動物界中，人類的語言能力最發達，所以為了處理複雜的人際關係與處世之道，就必須學會「好好說話」。

那怎樣叫做會說話呢？可能意味著可以滔滔不絕地發表言論、能在對話中靈活運用艱澀詞語、也可以解釋為巧妙運用幽默溝通，或者可說是行雲流水地說出有邏輯的話。

不過以上所有的說話技巧都有一個前提——**絕不能說錯話。**無論平常話說得再漂亮，只要失言一次，就可能前功盡棄。讀者可能會問：「那只要不說錯話，就代表會說話嗎？」錯！避免失言是基本的，如何在不造成對方心靈創傷的同時，說出可以達成預期目標的話，才是這門深奧學問中的精髓。

意思就是，**透過「說話」來突顯自己，建立彼此間良好的「人際關係」，進而順利獲得最佳「成果」**，才是成功的說話之道。

失言，可能會引發蝴蝶效應

社群網站及通訊軟體蓬勃發展的時代，網路上經常流傳公眾人物說錯話的消息，每每引來酸民群起攻之、甚至做成梗圖加以嘲笑，而最常被攻擊的就是政治人物。

朝野鬥爭中，大多不是因為施政優劣而吵，而是刻意針對對方口誤，展開激烈的脣槍舌戰。有些平日無作為的政治人物，因在政論節目中能言善道，獲得許多支持者的擁護；而有的政治人物因一時口誤，導致支持率急速下降，甚至害自己的政治生涯搖搖欲墜。在這樣的情況下，更突顯出會說話的重要性。

除了政治圈，還有很多歷歷在目，卻不便指名道姓的例子。有人因為說話失格落下話柄，錯失成為國務總理的機會；另外還有體育賽事的播報員，因為過於激動而失言，事後不僅接到數千通客訴電話，更被禁播比賽；又或者靠嘴吃飯的藝人或媒體人，因為一句話出岔子，慘遭經紀公司或新聞台長期冷凍。

撇開大眾媒體不談，日常中與說話有關的失誤也層出不窮。例如與朋友聊天時，可能因發言過於放縱，傷害彼此間的情誼；或是夫妻吵架一時激動，說出傷害對方的話，導致離婚。所以說話前必須謹慎思考，以免引發蝴蝶效應。

想要不說錯話，有個絕招……

筆者的職業是講師，相較於一般人，更需要經常發表言論，但我近期卻默默地感覺到，講課越多，說錯話的機率就越高，我甚至因此有些害怕說話。

例如聽眾中可能有身體殘疾之人，因此演講時，要盡量避免提到相關的事例；又或許其中有離婚人士，也要格外小心，避免無意中二度傷害。

有次，我在演講中，為了安撫聽眾們略顯不耐的心情，自以為幽默地開了個宗教的玩笑，卻遭到強烈抗議及指正。世界快速變化的同時，利害關係也漸趨複雜，人們變得更加敏感也很正常。

因此必須特別強調，**比起會說話，應該先減少說錯話的機率才對，切莫逞一時口舌之快，而留下後悔莫及的結果。**

到底怎樣才能避免說錯話？老實說沒有絕對完美的方法，只能謹慎地堅持自己的原則和標準，而筆者給讀者們的建議就是——**「慢一拍說話」**。

“

請讀者仔細回想，上個禮拜是否曾經因為急著說話而感到後悔？或者浮現出「早知道就不說」的想法？如果有，請您仔細思考後悔的原因。

請您深入思考，若是當時慢一拍再說，是否就可以避免了呢？

”

症狀1：為何心虛，會讓人們越愛回答、解釋呢？

在討論怎樣才算會說話前，應先思考：**為什麼我們無法好好說話？**是由於口才不好？表達能力差？還是使用的語彙太少？以上皆有可能，但這些障礙需要長時間的訓練才能補強，無法立刻改變。所以，唯有「說話太快」這個壞習慣，下定決心便可立即解決。這個問題相當常見，也最容易導致說錯話。

說太快有三種解釋：第一，**說話操之過急，發表時機錯誤**。大部分的人與他人溝通時，腦袋都在構思接下來要說的話，導致無法專心聆聽對方陳述。而且通常比起傾聽他人意見，更急著表達自己的想法，一抓到機會，甚至不惜打斷對方，但這麼做不僅無法得到對方好感，也容易因為判斷錯誤，大大增加說錯話的可能性。

第二，**說話的「速度」太快**。每個人的語速不同，但無法否認的是，說話快的確容易提高失言機率，關於此項，後文將有更詳盡的說明。

第三，**說話快也意味著愛七嘴八舌**。愛嚼舌根的人，容易說出輕浮的話，也可能無意中洩漏祕密，或是吹噓自己的地位、能力，對個人形象有害無利。

以上三點，都是說太快容易產生的風險，同時也是話術的致命點。

「你在大聲什麼啦！」是有科學根據的

當我們急著說話、搶先說話時，容易帶給他人強勢的印象，也就是心理學中分類氣質差異的「**多血質**」。多血質型的人經常表現出：**容易動怒、語速快或做事急躁，屬於較衝動的性格**，但這種類型的人其實是很普遍的。

從心理學家吉爾特．霍夫斯泰德（Geert Hofstede）提出的❶文化維度理論來看，只要❷不確定性規避指數越高，就越容易感到不安。根據研究，韓國的不安指數遠高於其他國家，可能正是因為歷來受到無數外來勢力侵略所造成。

生活在不安指數較高的環境中，很容易不自覺地提高嗓門、放大音量，甚至以拍桌等較激動的方式表達需求，因此，未來與人對話、討論、協商，或是演講時，必須先理解我們體內的多血質人格，唯有如此，才能善於控制與運用。若是不小心暴露出急躁的個性，反而容易鑄成大錯，難以達到預期的目標（關於多血質型人類，第七章將深入分析）。

---

❶文化維度理論（Hofstede's cultural dimensions theory）：衡量不同國家文化差異的框架。吉爾特．霍夫斯泰德認為文化是在同樣環境下，人們共同擁有的心理程序，與其他地區有所不同。

❷不確定性規避指數（Uncertainty Avoidance Index, UAI）：組織或群體面對不確定或未知狀況時，所感受到的威脅程度。遇此情況時，人們會試圖透過制定安全規則或其他手段，來降低或避免不確定性。

症狀2：還沒輪到你發言，就急著說嗎？

看完第二章，讀者就能了解，為什麼我們說話時，會不自覺提高音量、情緒激動，正是因為多數人都擁有多血質人格。那應該如何避免衝動呢？

網路上瘋傳著〈❸劉在錫的溝通十誡〉。被稱為「零負評大神」的劉在錫，身處叢林般的演藝圈中，就是靠著這套適用於任何狀況的說話原則，才能屹立不搖，並獲得所有人的支持。

筆者從中選出較符合本書主旨的兩點：首先是第二誡**「避免獨占話題，應該多聽少說」**；另一個是第三誡**「嗓門越高，就越容易扭曲原意」**，這兩項可以說是慢一拍說話的實踐。

所謂「慢一拍」可以有很多種解釋：若就字面上來說，是速度慢一點的意思；但從心理角度上看，也可以說是語氣放慢、和緩。所以實際對話時，應視情況靈活調節運用。

印地安的權杖：克制自我發言最難，卻也最重要

想學習如何慢一拍說話，最重要的就是自制力，多血質型的人類，想改善衝動的缺點，就要學習有意識地控制自己。

美國記者查爾斯・杜希格（Charles Duhigg）在其著作《為什麼我們這樣生活，那樣工作？》（*The Power Of Habit*）中提到，意志力（自制力）是決定個人成功與否的核心。能自我控制，就能改正不良習慣，進而讓人生脫胎換骨。以下我將用「印地安發言權杖」深入說明。

❸ 韓國知名電視節目主持人。

印地安有所謂的「發言權杖」，每到決定重大事項的會議時，擁有此權杖的人，就可以掌握唯一發言權；若是尚未拿到權杖，就不得發言、插嘴，或打斷發言人陳述。

想獲得權杖就只能認真傾聽持杖人的發言，當發表者認為下一個人能確實理解，並記住內容，才會交接權杖，由新的持杖人接續表達看法。

試想，在會議或討論的過程中，若能從聽眾身上獲得被充分理解的滿足感，就會相對產生我也該認真聽你發表的感受，這種心情可以促使傾聽者打開心門，接納對方的意見。當雙方都有心、用心溝通，就更能產生共鳴。

由此看來，權杖的功用除了避免衝突、維護每個人的發言權外，也包含了慢一拍說話的智慧，因為在場之人都必須透過這個規則，克制自己的發言。

強調自己的論點，並不是為了引起爭執或一較高下，而是為了理解對方、尋求共識，以達致雙贏。談話時，我們應該假設有一柄隱形的發言權杖，以從容目光及寬容之心傾聽講者言論，並控制自我發言，這才是正確做法。

▼▼▼同場加映

學說話前，先學會自我控制

有位年輕人為了學習說話之道，向古希臘哲學家蘇格拉底（Socratic）求教。

兩人見面後，年輕人馬上自我介紹，接著滔滔不絕地發表言論，想讓蘇格拉底認為自己很會說話。

他說得非常久，最後，蘇格拉底只好捂住他的嘴說：「我要向你收取兩倍的學費。因為，我必須教你兩堂課，第一步要先教你如何控制自己的舌頭；第二步才能教你正確使用舌頭的方法！」

資料來源：《傳遞滿滿幸福的書》，金泰光著，一起，二〇〇五。

症狀3：玩笑一不小心就變成「完蛋了笑不出來」

說話直接有兩種解釋：一是指直言不諱，二是指不經思考，就將話說出口，俗話說「語言是最傷人的武器」，說話前務必三思，本書也一再強調**慎言**的重要。

而說話快則是習慣將聽來的話或自己的想法，零時差地說出去，所以並非上述所說直言的人，用口風不緊來形容，可能比較貼切。

另外，「誇口」一詞，也容易讓讀者混淆。這是指以誇大不實的方式討好別人，用「吹牛」來形容最為適合。

上述相似詞姑且先略過，先來看看本書一再強調的話別說太快吧！

開玩笑最容易上演尷尬場面

Y科長的岳父母因故過世，所以他意外地從妻子母家繼承了一大筆遺產。於是他用這筆遺產，祕密買下首爾江南區某棟即將都更的破舊公寓。

之所以祕密購入，是因為江南區是首爾著名的富豪集散地，一般人想買一棟房子就已經是難如登天，Y科長竟還能在首爾市中心擁有兩棟房產，更容易引起輿論。所以即使繼承大筆遺產是件好事，卻只能低調為宜，唯有介紹房仲給他的C科長知道內幕。

有天晚上公司聚餐，所有人喝酒狂歡，現場氣氛非常歡樂。C科長突然用大家都聽得到的音量說：「Y科長最近繼承了大筆遺產，還用那筆錢在江南買了準備都更的舊公寓，真是人逢喜事精神爽。」

當時現場氣氛馬上出現微妙的變化，大家紛紛向Y科長道喜，也有人吆喝著要他請客，只見Y科長的臉越來越僵，尷尬地謝謝大家的祝福。

每個人的性格、想法不同，即使周遭的人對此事感到羨慕，但看來，不喜歡被揭穿的情況也是有的。

有年公司舉辦尾牙。酒酣耳熱之際，部長突然回憶起往事：「我以前常去延世大學後面那間很有名的A餐廳吃飯……。」話還沒說完，P代理突然插話說：「部長那麼常去，該不會是想追老闆娘吧？」在座的人都大笑出聲。

從P代理的語氣，就可以知道這是句玩笑話，若事情屬實，也不可能在公眾場合說出來，但部長夫人卻一點也笑不出來。部長看著妻子的臉色，連忙打圓場地說：「你這傢伙，亂說什麼啊，明明就是你喜歡人家吧？」但卻怎麼都挽救不了尷尬的氣氛，最後只能草草結束聚會。

後來大家才知道，原來部長曾經與其他女同事「曖昧」，導致家庭失和，妻子再也不信任他。所以當P代理說出那句話時，部長露出一副作賊心虛的樣子，夫人情緒難免受影響。雖然P代理只是想展現幽默，但一句玩笑話，就可能讓人陷入難堪的處境。

症狀4：你的肺腑之言，為何搞到他惱羞成怒？

比起說話快或說話浮誇，說話直接雖然容易對別人造成傷害，但多數人仍認為直言不諱是件好事。

直話直說內含真心誠意，前提是要懂得自我控制。但隨便把話脫口而出，就是不懂得篩選發言，因此負面效果往往較嚴重，這兩者間有明顯的差異，以下我將說明改善的技巧。

技巧一：站在對方的角度思考

筆者曾擔任過會長祕書，就任那天，有不少主管及部長前來道賀，對我說：「無論如何都要請你對會長直言不諱」、「要抱著必死的決心向會長進言」。

公司的其他主管與部長們，平日裡因為震懾於會長的威嚴，不敢反駁他的命令，但我上任後卻毫無畏懼地向會長表達我的看法，所以漸漸地，大家都請我幫忙轉達意見。多年後我才了解，這些老鳥只是想推卸責任，仔細想想，如果直言是件好事，他們怎麼可能讓給我呢？

那三年間，我經常被會長痛罵，但越是這樣，越激發出我的使命感，所以我總是提高音量反駁。

在我成為別人的主管後，才知道當初的行為有多輕率。犯錯時，當事人通常心知肚明且感到懊悔，但若別人直接點出錯誤，一定會感到更加羞愧。忠言逆耳，一般人如此，會長也一樣，也可能因為建言太過尖銳而受傷。

指正他人時，如果真心為對方著想，就該直說無妨，但**陳述當下應該檢視狀況，多站在對方立場思考後再發言。有時用雙方都可以接受的方式溝通，反**

而更能讓對方接受意見，並改正過錯。此時就應該慢一拍，想一想再開口。

技巧二：反覆確認後再發言

那麼如果是上司要給下屬建議呢？首先不能預設立場，應該用對方能聽懂的方式表達，否則只是白忙一場，徒增彼此芥蒂而已。

接下來也是我擔任祕書時的故事。

每當發布人事命令時，總是幾家歡樂幾家愁。有次，大家公認有能力的P意外滑鐵盧，反而是表現比較差的H升官，公司裡因此躁動不安，於是我將這些流言蜚語向會長報告，並詢問他是否有哪裡出錯了。

會長一言不發地聽我說，表情卻有點扭曲。語畢，一陣靜默，這短短幾秒鐘的時間，卻讓我感到極度不安。接著，會長用低沉的聲音回覆我：「其他事情你可以發表意見，但人事方面還是不要多話比較好。」

原本我單純地認為會長的意思應該是：升遷降職不關你的事，所以最好少發表意見。後來才知道，當時的我，目光實在太過短淺。

這件事中我犯了兩個錯誤，一是向會長報告時，加入主觀意見，預設立場認定決策錯誤；二是會長決定批准H升職，肯定有他的理由，只是人事命令屬於公司機密，會長無法告訴我罷了。

多年過去，當我擁有人事決定權後，才理解當時會長的話，因為人事業務的確有許多不足為外人道也的情況。

古人說：「燕雀安知鴻鵠之志」，意思是「燕子、黃雀這些小鳥，怎麼能知道大雁和天鵝遠大的抱負呢？」正是告訴我們，見識短淺容易鬧出笑話。

然而，我們卻時常犯上述過錯而不自知。**直言是必要的，但說話前提是要了解事情的全貌、認清自己的見識與說話內容的層次，並深切思考過後再發言，也就是「慢一拍說話」的原則。**

“

別急著說出忠告，
慢慢來才是最有效的。
急於求取成效的忠告，
反而容易導致失敗。

——路西恩

”

症狀5：嘴巴甜跟拍馬屁只有一線之隔，你選哪一邊？

接著讓我們討論說話「浮誇」。這個詞的意思是：誇大其辭、用過度的話來討好別人。講好聽一點是嘴巴甜，較負面的意思就是阿諛奉承。

後現代企業之父湯姆．彼得斯（Tom Peters）曾說：「被讚美的感覺很愉快，我永遠不會厭煩。」可見，人人都喜歡受到讚賞、渴望得到他人認可。

然而，拿破崙（Napoleon）卻對於他人奉承相當反感，但有位聰明的部下對他說：「我十分敬重閣下，因為您不喜歡被別人稱讚，真是英明的品格。」這位士兵用絕妙的方法，照樣獲得拿破崙歡心。

可見沒人可以抗拒讚美，也因此很多人過度逢迎，反而變成「拍馬屁」。

批評通常是真心的，而稱讚大多是騙人的

稱讚與拍馬屁有什麼不同呢？首先可從**目的性**來區分。只要是依照事實，給予對方積極評價，當屬稱讚；若是基於某種目的而違背真心地討好，就可歸類為拍馬屁。

阿諛奉承在漢語字典上的解釋為：用好聽的話取悅別人、討好對方。在此，「取悅他人」就是目的，與浮誇地稱讚別人有相同意義。

若有人表現優秀，可以如實說出，只要不過度都是好的。但若是被對方察覺到你在拍馬屁，那麼他就會認為你的稱讚有目的性，因此感到壓力，反而會與你保持距離，產生負面效果。

美國思想家愛默生（Ralph Waldo Emerson）說：「上位者喜歡被拍馬屁，因為那代表自己是個重要人物，以至於別人不得不討好自己。」但美國前總統邱吉爾（Winston Churchill）也說：「批評幾乎是真心且有用的，而稱讚大多

是騙人的。」所以在**受到他人稱讚時，也該自我警惕，切勿驕傲自滿。**

韓國三星電子的首席執行長黃昌圭曾說：「只有能嚴正指出我的錯誤，而非逢迎拍馬屁的人，可以進入我的辦公室，這就是我的經營哲學。」可知，若對這位企業家拍馬屁就會造成反效果。

所以在稱讚他人前，最好先確認自己的心態，並考慮對方的性格，再將心中的話說出。

▼▼▼同場加映

你夠不夠真心？連狗狗都看得出來！

在韓國，出現一種專門給狗狗看的電視節目，但狗真的會看電視嗎？

會的！根據觀察，若電視中播放主人撫摸狗狗，並真心地說「我愛你」時，收看節目的狗狗會搖尾巴；但如果主人是「假裝」真心，狗狗就不會做出反應。

連小狗都能察覺人類的撫摸是否真摯，更何況是人，自然能看出對方的讚美是否為真心誠意。

資料來源：https://reurl.cc/yjKj8。

症狀6：推銷時，你是讓他說，還是急著搶回說話主導權？

第二章曾提及希波克拉底分類的四種氣質類型。分別為：多血質、黏液質、抑鬱質、膽汁質，它們分別對應著特定的行為特徵。大多數人會同時擁有這四種特質，只是其中一項特別突出，本書著重介紹多血質型人類。

多血，顧名思義就是血液比其他人多，反映出的個性大多是外向、敏捷、善於交際，溝通時握有主導權、健談，又反應極快的人，通常被視為領袖型人物。

這類人與他人溝通，容易產生反效果，只要情況不利於自己、與對方意見不一致時，往往會按捺不住情緒，激動地反擊，做出讓自己後悔不已的事。

想在協商中取得勝利，你得……

多血質的人，經常在發生事情當下不分青紅皂白，認為大聲就可以取得優勢地位。

這就是這類型之人最大的缺陷。但這只會讓自己在討論、爭論、協商過程中，處於不利的地位，原因如下：

第一，**容易讓人感到不愉快**。心情受到影響，就無法打開心房進行溝通，可想而知，協商也不會有好結果。

第二，**生氣會使理性麻痺**。無法冷靜觀察對方，便不能做出正確判斷。

第三，**大聲說話容易說錯話或出現語病**。這樣的人容易單純無知地隨著對方的節奏起舞，反而讓人搶走話語主導權。

若你是屬於多血質的人，交談時就要**學習冷靜**、**自我克制**，以理智戰勝心中怒火。當對方意識到你的沉穩、平靜，才可能取得勝利，獲得預期結果。

症狀7：科學證實，當你回話越來越大聲，代表你陷入……

人在情緒激動時通常會聲音變大、語速變快。一旦語速加快，思考時間就會相對縮短，如此一來，容易說出沒有邏輯、不理性的話。既沒有說服力，也會缺乏條理，在爭論中自然容易失敗。除此之外，嗓門大容易給他人難以相處、無知、刻薄的負面印象。

那麼，如果壓低音量，慢條斯理地說話會怎麼樣呢？

語速變慢，思考時間拉長，就能更理性地**釐清對方的論點、判斷現場狀況，說出口的話也會更具邏輯性、理性。**如此既不容易得罪他人，還能降低被抓語病的機率，可以大大增加對方對你的信賴感。而且音量小一點，反而可以讓對方更仔細傾聽，不費力就能提高說服效果，一舉兩得。

學習自我控制，降低音量與他人溝通

許多人明知大聲說話不好，卻無法控制，這是由於國家性格影響太深，我們可以發現，中國人嗓門較大，接著是韓國人，日本人的聲音則相對較小。

日本的僧人作家小池龍之介在其著作《放下執著的練習》（こだわらない練習）中分析，人們是因為渴望得到對方傾聽、認同，因此才會用大嗓門連珠炮似地說話，但是這麼做不僅可能會造成對方反感，甚至會引起憤怒與煩躁，無法達到說服的目的。如同我上述所說的，說話放慢、態度溫和，才能讓聆聽者接受建言，進而達成目標。

說話音量顯現出教養，聲音越大，品味就越低，就像沒有教養、無法自我管理的人；而自我管理良好、幹練、有教養的人，總是輕聲細語、慢條斯理。

講話要降低音量，但也不能小聲到對方必須皺著眉頭、把耳朵靠在你的嘴邊聽，這就有點矯枉過正。我們應該自我控制，用適度的音量與他人溝通。

大聲講故事，會讓人難以進入情境

根據統計，大部分的人只要上台發表，就會因為緊張而提高音量，或語速不自覺加快。由於筆者經常要與數百名聽眾交流，所以習慣用大嗓門說話這點尚待改進，但在小規模的課堂上，我也會視狀況降低音量。

演講與日常溝通不同，若太過熱情，一不小心就容易變成「演說式」，而非對話式的口氣，也較難說故事或呈現出幽默。例如故事的開頭「從前從前……」，若配上大吼大叫，難以讓聽眾進入情境，必須以較小、較沉穩的聲音，才能達到說故事的效果。

因此，**無論是對話、講課或演講，讓聲音充滿力道的同時，也要降低音量、放慢語調，才是最好的方式。**

演講時也適用「慢一拍」原則

說到降低音量，讓筆者想起韓國第十九屆總統候選人安哲秀的故事。他曾於二〇〇九年上了一個談話性節目，當時他給大家的形象就是個斯斯文文、說話溫吞的模範生。民眾們平常習慣了大聲咆哮的宣傳方式，反而對他小聲說話的演講方式感到陌生，甚至有人覺得他唯唯諾諾、有氣無力。

因為民眾反應不佳，所以他在二〇一七年三月，一改之前的風格，用近乎哭喊的聲音吸引選民。

這改變引起媒體圈一陣譁然，大家紛紛議論安哲秀的演說像❹「趕牛唱法」，甚至因此登上網路熱搜關鍵字排行榜，為他增加了不少支持者。也許是

❹二〇〇〇年韓國歌壇流行的唱法，代表人物為歌手朴孝信，特色為聲音較粗，不時有即興帶點R&B感覺的抖音，像是用盡全身氣力唱出悲情，最大的吸引力就是情緒感染力強，不過聽久了容易讓人感到厭倦。

因為受到鼓舞，至此之後，他都以這種方式發表演說。

筆者寫了近十本的說話術之書，看到安哲秀的狀況只能搖頭，我的直覺是有人給了他錯誤的建言。以我發表政治演說的經驗來說，只有用普通對話的方式，才能理清邏輯、說出想表達的話。另外，音量大容易導致肺活量不足，只能以單句表達，無法完整敘述說明，如此一來，會給聽眾過於誇張、裝模作樣的感受。

那麼應該怎麼做，才能控制自己的聲音呢？請讀者參考上文提到的《放下執著的練習》一書，用作者的方法觀察、傾聽自己的聲音，就是說話的基礎。

把注意力集中在自己的發言上，留意自己的語速有無過快、音量是否調節正確，可針對缺點進行修正，若講太快就稍作停頓，也就是慢一拍，就能達到很好的效果，同時可以緩和情緒，對溝通雙方都是好事。

要學習適當地控制聲音，歸根究底還是得靠意志，應該了解自己的說話習慣，並在每次發言時留神、運用慢一拍原則，才能讓說話方式漸漸進步。

這年頭，發脾氣是本能，但克制脾氣是本事！

有次，我受邀到釜山講課，工作時我通常不會帶上妻子同行，但因為妻子前陣子生了場大病，所以此次想帶她去旅遊勝地海雲台散散步，於是我決定攜帶最輕便的行李，預計演講完馬上前往。

此時，電話突然響起，另一頭是邀請我去講課的負責人，而致電原因是我傳送過去的講義檔案打不開。我問他：「怎麼會這樣？」他回答我：「我也不知道，總之就是打不開，所以麻煩您自己帶筆電過來。」當時行李已經打包好了，卻被臨時告知要多帶一台筆電，因為計畫被打亂，讓我瞬間感到煩躁。

於是我接著說：「就是因為要減少行李重量，我才會把資料先傳過去啊！」年輕人回我：「我也沒有辦法，請您帶筆電來吧！」可能是因為我不順應他的要求，所以他的口氣也不是太好，我只能暫且將這份怒氣忍下。

練習不生氣，放棄人生無謂的堅持

溝通是雙向的，無論他內心怎麼想，語氣就是令人不悅，所以我粗魯地回：「你們這麼大的跨國企業就只有一台筆電嗎？」語氣裡顯露出我的不滿。

語言是很微妙的，無論如何控制情緒，還是無法避免在語氣與選擇用語上透露出想法。

首先，「這麼大的跨國企業」帶有一絲嘲諷的意味。接著是「就只有一台筆電嗎？」對方一定可以輕易察覺出我在不爽。若換個方式說：「要不要換其他筆電試試看？」聽上去肯定比較舒服，但可惜我已經脫口而出。

他反問我：「您不會是在對我發脾氣吧？」他使用「發脾氣」這個詞，表示他察覺到我內心的惱火，同時代表著他的情緒被挑起。於是我也提高音量說：「我不是發脾氣，而是事實就是如此，這麼大的企業只有一台筆電，像話嗎？我講課數十年，從來沒有遇過這種事情。」

當下我的腦袋已經因為情緒激動無法理性思考，而對方也受到刺激，爭吵一觸即發。此時他突然拋出一個莫名其妙的問題：「請問檔案用的PPT版本是哪一年的？」我回：「二〇一三年的。」他順勢地說：「我們是二〇〇七年的，看來還是需要您帶筆電過來。」

聽到這種火上加油的話，我更不爽地說：「現在都已經二〇一七年了，你們還在用十年前的版本？」對方也堅決不認輸，果斷地說：「這是各自的喜好啊！」

我心裡參雜著煩躁與被小看的挫折感，但無可奈何的我最後只能說：「我知道了，我會帶筆電過去。」對方也回答得很簡短：「好，那就麻煩您了。」爭執就這樣告一段落。

掛上電話，我再次把行李打開，將筆電放進去，突然覺得自己很狼狽，有種窩囊的感覺。其實若是理性地說明情況，另外找其他方式解決就好，卻因為開始起了言語爭執，而演變成這個樣子。這件事剛好發生在我寫第七章時，果然理論與實際情況是不同的，這個經驗讓我體認到控制脾氣有多困難。

正當我準備再次把行李拉鍊拉上時，那位教育訓練負責人又打來了，他說：「剛剛請工程師幫忙處理，現在檔案可以打開了，請您依照原本的安排前來即可。」這讓我不禁懷疑剛才為何要爭吵，我客氣地回應：「抱歉，剛才火氣有點大。」他禮貌地回我：「別這麼說，沒什麼。」事情就這樣落幕了。

事情雖然解決了，卻留下兩人之間的隔閡，我還顯露出不文雅的老人樣，所以心中滿是後悔。最後，我把筆電放回抽屜，暗自希望對方不要放在心上，並且訓斥自己，因為**先生氣的人就是輸家**。

遇事冷靜不動怒，就是最大贏家

前面那件事讓我在意了很久，我對自己感到失望，雖然知道自己的個性，不過正在寫這本教人慢一拍說話之書的我，竟然還是壓不下脾氣，真是不成熟。

幾天後，有另一個企業決定採用我所開發的「Multiership」教育計畫。身為這個獨特整體性教育計畫的創作者，我認為計畫中的內容環環相扣，無法針對特定項目做刪減或替換。

但企業負責人卻說，內部高層認為，計畫雖然完整，但不完全符合公司所需求的，希望我可以針對公司現況進行修改。

針對個別公司進行調整是理所當然的，所以我一開始答應他們的請求進行微調，但多次之後，結構已經與原本的相去甚遠，幾乎要抽掉計畫主軸，就像是另一個新計畫冠上 Multiership 的名稱罷了。

我因此有點憤怒，但我突然想起前幾天對那個年輕人生氣的事，當時的愧疚感，讓我把怒氣吞回去，選擇忍耐下來，並思考其他的解決方法。

因為怕對方發現我的心情，所以我改用格外溫和又明朗的語氣回答，慢一拍且沉穩、慎重地表達我的意見，並提出修改的提案。

最後，因為我的提案更好，所以對方也願意採用我的建議。雖然有點脫離原本的骨幹，但這個新的教育課程，讓我們雙方都非常滿意。

在忍耐的過程中，我覺得自己向前邁進了一大步，只要心志堅定，並使用慢一拍原則，沒有什麼是控制不了的。

由此看來，上次的教訓是一帖良藥，讓我在這次討論中，戰勝了自己的壞脾氣，獲得雙贏的結果。

▼▼▼同場加映

照鏡子大法：輕鬆提高你的EQ！

越南有位聞名全球的釋一行禪師，他曾出版過四十多部著作，透過各種方式教導讀者如何調整心態，以平和之心過生活。

當中自然也提到控制脾氣的技巧，當有人讓我們生氣時，絕不能脫口說出情緒性話語或報復對方，因為這樣只會冤冤相報，不會有好結果。

禪師表示，越生氣越要少說話，與其和別人爭吵，不如先讓自己的火氣降下來。

他建議大家，生氣時不妨找面鏡子看看自己當下的臉，會發現自己的樣貌變得很醜。連自己都看不下去，當然更不想被別人

看到，如此一來就會改變自己，讓自己面帶微笑，別人也會認為你更和善。

微笑會在體內產生正面能量，可以撫慰怒氣、放鬆心情，氣自然就消了，如此才能放慢步調、鬆一口氣。

資料來源：《你可以不生氣》，一行禪師著。

心理學家發現，嘴巴可以控制腦袋，因此你該……

即使是聖賢，也不可能不生氣，但在怒氣之下絕對無法說出什麼好話，所以必須保持理智，並警惕、克制自己，切莫因此失言。

佛祖說發怒的人有三種，分別是：❺刻在石頭上、刻在地上，以及刻在水裡的人。

刻在石頭上的人常常生氣，而且會氣很久，就像刻在石頭上的字，不管經過多少歲月、風雨的侵蝕，都很難輕易被抹去。

刻在地上的人，雖然會發脾氣，但一陣子就會消氣，就像寫在地上的字，

❺資料來源：《佛教新聞》，二七二八號，二〇一一年六月十八日。

可以輕易用腳抹去。

刻在水裡的人，即使聽到其他人說難聽的話，或莫名其妙發脾氣時，怒氣會像水一樣很快地流走，反而很容易跟對方和好。

讀者可以思考，自己是屬於哪一種類型的人？**最好的狀態當然是像水一樣，包容一切，學會放鬆心情、提高自己的修養。要記得，並非宗教上才能修行，生活中遇到令人煩躁的狀況，用平靜的心克服，也是一種自我心靈修行。**

最簡單的自我管理法就是……

老子說：「勝人者有力，自勝者強。」意思是能夠戰勝別人，只能說明我們有能力，戰勝自己才算真正的強大。戰勝自己意味著可以自我管理，這樣的人才是堅強的人，那麼應該怎麼做呢？

有人用冥想的方式修身，也有人鑽研佛法，但這些方法都不簡單，不是任何人都能做到。其實，小心發言就是最簡單的自我管理法。

語言可以表現出內心世界，例如不高興時會亂說話；而心情寬裕時，發言就相對平和。那麼如果我們逆向操作，先從平和的發言開始練習，就能讓心情變得寬裕，以下讓我們用科學證實這個論點。

根據美國心理學家卡洛·塔弗里斯（Carol Tavris）的論點❻，大眾普遍認為，在生氣或感到厭煩時用話語來表現，可以讓情緒的破壞力降到最低。如果露骨地將憤怒表現出來，反而會讓自己更生氣，使情況惡化。

而另一位心理學家布拉德·布希曼（Brad Bushman）則認為，與其表現出憤怒，不如發揮耐心安撫自己。實驗顯示，言語跟行動可以迅速緩和憤怒情緒、讓內心平靜下來。

❻資料來源：《正能量心理學》，李察·韋斯曼（Richard Wiseman）著，熊津知識之屋，二〇一三。

古羅馬哲學家愛比克泰德（Epictetus）❼說：「生活中最重要的是忍耐，只要懂得這點，就擁有人生一半的智慧。」**生氣時，不妨先閉上嘴，慢一拍等情緒冷靜後再說話，才是有智慧的做法。**

若是怎樣都無法平息怒氣，不如保持沉默或離開現場，避免說出後悔的話、做出後悔的事，因為唯有控制情緒，才能戰勝自我。

❼資料來源：《一日一冊》，張仁旭著，紅石，二〇一七。

MEMO

/ / /

進階篇

人生最難學的回話，其實是「沉默以對」

回嘴後，有99%的人會因此後悔

接連到各地演講的事前準備，加上遠距離出差，以及演講前的緊繃感，讓我筋疲力盡，所以有很多像我一樣的專業講師，會在演講前打點滴補充體力。

因此我抽空去了趟醫院。點滴滴完後我馬上按了呼叫鈴請護理師過來，可是反覆按了三、四次都沒人來，我既著急又生氣，便向病房外大聲叫人。

過了一會兒才有護理師匆匆跑過來，一看到她我理智就斷線了，我憤怒地說：「到底是怎樣，為什麼叫了好幾次都沒人來？」護理師慌張地回答：「對不起，我們真的沒有聽到呼叫訊號。」這番話聽起來像藉口，於是我更不爽地說：「我明明就按了呼叫鈴，怎麼會沒有聽到？」一邊說一邊示範給她看。

這時護理師說道：「先生你按錯了，應該是旁邊那個鈕才對。」這下真的尷尬了，原來護理站真的沒有聽到呼叫訊號，是我自己搞錯，還對別人發了脾氣，我頓時面紅耳赤，感到丟臉的同時也對自己很失望。

慢一拍發脾氣，才能減少失言的機會

一旦怒火中燒，判斷力就會麻痺，一心沉浸在憤怒之中而無法思考周全，更容易提高做出錯誤行動、判斷錯誤的機率。所以在表現出憤怒之前，應該啟動相對應的機制，如前所述，生氣時不該恣意讓怒氣爆發，應該學習有意識地慢一步說話，不僅可緩和語氣，也可以讓心情稍微放鬆。

美國知名的布道家約爾．歐斯汀（Joel Osteen）[8]認為，想享受心靈的平

[8] 資料來源：《活出美好》（*Your Best Life Now*），約爾．歐斯汀著，推喇奴書房，二〇〇五。

靜，就要意志從容，即使發生令人厭煩的事，心裡也要堅定地相信：因為我選擇幸福，所以懂得自我控制感情，不因任何事生氣或煩躁，才能時時保有心靈平靜。

然而，每個人對於整理心情的方式都不一樣，所以只要**找到適合自己、對自己最有效的方式就對了。**

筆者建議讀者一個方法❾，當你火冒三丈、產生敵意時，先停止思考，避免想法持續擴大，在心裡吶喊「停止」，必要時也可喊出，都能讓情況好轉。

我並不是要讀者不能生氣，也不是逼你隱藏自己的真性情，而是**就算要發脾氣，也可以慢一拍，如此才能減少不必要的失誤。**無論如何，希望你們都可以找到**屬於自己的一套控制怒氣的方法。**

---

❾資料來源：《Anger Kills》，Williams, Redford/ Williams, Virginia, Harpercollins, 一九九三。

▼▼▼同場加映

一言不合就送禮？！

筆者在此想向大家介紹一個相當高層次的控制怒氣法。雖然讀者乍看會感到荒唐，但實際上這個方法在東西方都有許多名人介紹過，可見效果不錯。

猶太人的經典[10]《塔木德》（*Talmud*）中提到：有個性格暴躁的男人，平時都不肯聽別人說話，而且經常不分青紅皂白對別人惡言相向，事後總是為此後悔不已。

他希望可以改掉這個壞習慣，於是尋求[11]拉比的協助，拉比對他說：「從現在起，每當你罵了人，就必須送給對方一份禮物。」

從此，每當他生氣罵人，就必須送給對方禮物。但事後他都會後悔又心疼送出去的禮物，於是漸漸改變了原本的個性。

佛祖也曾提出相同方法⑫，送禮物給對方，可以削減自己的怒氣，心境會更開闊，甚至希望對方可以幸福。

若讀者容易發脾氣，也想改正這個壞習慣，不妨嘗試這個方法，或許就能改善你的人際關係！

---

⑩拉比代表老師，也象徵了智者或「可以請教的人」。是一群觀察、思考生活，從而獲得智慧的人。智者們經常與大眾接觸、解答群眾的疑惑。

⑪資料來源：《塔木德》，iseum，二〇一二。

⑫資料來源：《你可以不生氣》，一行禪師著，明鏡，二〇〇二。

犯錯時，別急著解釋而是立即道歉

動物在陷入危機時會立即做出反應，盡快讓自己脫離當下的困境，這是一種防禦本能。在面臨不安及害怕的狀態下，容易做出錯誤的決定，所以腦海中必須「快速地」浮現慢一拍說話原則，以及從容對應的方法，此時可千萬別慢了手腳。

心裡越不安時，越要慢一拍，因為過了一段時間你會發現，當時看似千鈞一髮的危機，根本沒有這麼可怕，或許還會覺得自己當時輕率的行動和話語很可笑。所以**越是危急時刻，越該冷靜，讓自己有停頓思考的餘裕。等沉澱之後，再有意識地從容應對，才是聰明的做法。**

道歉時，要視情況與對象說話

研究顯示，越早道歉的確越容易解開彼此的心結。不過筆者認為，還是要根據實際情況及對方的做法來判斷，也有不少情形必須慢一拍對應，才能得到較好的結果。但我並不是教大家推託，使小錯釀成大禍，而是請讀者們深思熟慮後再說話或行動。

我有個朋友，因為不知道某幅畫作已經申請專利，不小心侵占了他人的商標權。事實上，他並非故意。我原以為道歉並將畫撤掉，應該就沒事了。但我那善良、心軟的朋友因為被「侵占專利」、「損害賠償」、「依法處置」這些詞嚇壞了，立刻服服貼貼地向對方道歉，還在臉書上發了道歉文。

沒想到對方越來越過分，甚至要求他在報紙上登廣告。事情變得越來越棘手，對方抓住把柄不放，最後終於暴露出他的目的，就是想索取賠償金。

得理不饒人的狀況，近年有更加嚴重的趨勢。因此，即便是在道歉時，也該**好好判斷情況，千萬別忘了看對象說話。**

之前有名移民美國的韓國人，回韓國後遇到交通事故，當場順口說出：「I am sorry」，卻因此被對方一口咬住肇事責任。總之，**為了幫助自己做出適切的判斷，記住一定要慢一拍、從容地對應，有時慢一拍道歉也不算太晚。**

對應突發狀況，應該深思熟慮再發言

大家都知道，民調會因為提問的方式，而出現完全不同的結果，以微小的差距決定勝出與落敗者，可見提問的題目是當中最關鍵的一環。我曾嘗試踏入政壇，但當時在與其他候選人決定民調問題的協商會議上，因為不喜歡看到那些醜惡的面貌，於是我像個業餘候選人，輕易地妥協了。

輕易地與其他候選人們達成協議，這讓我的幕僚們很沮喪。他們認為我應該與其他人展開拉鋸戰，極力爭取對自己有利的事項才行。最後結果出爐，我在黨內初選中敗北。被通知落敗時，我再次表現出業餘候選人的回應：「我承認我的失敗，若有必要，我會公開表示支持對手。」

可是我的幕僚們卻不以為然地說：「你為什麼要急著說話呢？你難道沒脾氣嗎？在對方還沒苦苦拜託之前，應該冷靜地靜觀其變。」我為此責備了幕僚們，因為我認為即便是在複雜的政界，也不應該那麼做，當時我覺得自己腦中住著聖人君子，還為此沾沾自喜。

幾天後，我馬上對自己草率的判斷和發言感到極度後悔。因為某些意外，我必須撤回支持對方的決定，但一切已經覆水難收了。選舉過後對手對我說：「這麼單純的人怎麼能來搞政治呢？」我才知道，當初實在是太不成熟了。

再不安也千萬不要急著做出判斷，一定要深思熟慮後，才把話說出口。因為這個世界很複雜，永遠都有突發狀況，人常常因為說得太快而感到後悔，卻很少人會因為慢一拍說話而懊惱，因此應該慢一拍判斷、說話，沉著應對。

不要輕率地告訴對方自己正處於迫切的狀況，
那只會讓對方認為你是個無能的人。
無論處於如何艱險的困境，
都要慢慢、從容地掌握局勢。

——心理學家　萊爾・隆恩德斯（Leil Lowndes）

想吵贏對方不留情面，日後必定難相見

有段時間，K科長的大女兒正在準備考大學，所以對聲音非常敏感，因此家人們說話或動作都很小心，深怕發出一點噪音。但是樓上卻時常發出聲響，讓他們全家倍感壓力。

根據了解，樓上住戶也是在同一間公司上班的同事，K科長只好忍下憤怒，因為他怕上樓爭吵的消息傳到公司內，可能會衍生出不好的評價。所以每當聲音大到讓人受不了時，K科長的妻子只能透過對講機，小心翼翼地向樓上住戶勸告，希望他們可以節制一點，但是絲毫沒有用，樓上鄰居依然故我。

冤家路窄，所以千萬別隨意對待他人

有天，K科長很晚才回到家，打開門就見到妻子情緒激動，原來是樓上發出誇張的噪音，讓妻子鐵了心直接到樓上抗議，然而那家的年輕太太竟用不耐煩的口氣說：「你們家只有兩個女兒，所以很安靜，可是我們家有兩個兒子啊，因此就請你們忍耐一下吧！」

科長夫人原本就因為沒生兒子而有深深的自卑感，這下正中她的痛處，讓她又氣又難過，K科長看到妻子這樣，心裡也非常不高興。

不過世事就是如此奇妙，K科長在兩年後晉升為次長，擔任公司人事部的主管；而樓上的住戶因為想轉調到祕書室，所以必須得到K次長同意。那家的男主人帶著羞愧的笑容前來拜託，並頻頻表示一定會好好努力工作、聽從K次長的所有吩咐，但結果如何呢？就留給各位讀者想像吧！

「冤家路窄」這句成語，可是古人們累積無數經驗後得出的智慧。所以奉

勸大家，千萬不要隨意對待他人，更別因為一句話就與他人結怨，這是很不明智的行為，甚至可能會斬斷自己的後路。

若只想吵贏對方，代表你不夠成熟

英國小說家克雷格・布朗（Craig Brown）在其著作《*Hello Goodbye Hello*》中，以有趣的方式，為大家解答人的緣分究竟從何開始，又是如何連結的。

書中第一對登場的人物，是德國的政治家希特勒（Adolf Hitler）與英國的貴族約翰・斯科特・羅素（John Scott Russell）。

羅素在第一次開車上路那天，不小心撞到了一位年約四十出頭、留著小鬍子的男子，那名男子就是三年後成為德國總理的希特勒。試想，若是希特勒在那場交通意外中喪生，那麼歷史就會全面改寫，整個世界的樣貌都將大不相同。

書中還有關於瑪丹娜（Madonna Louise Ciccone）、麥可・傑克森（Michael Joseph Jackson）等，共一〇一位世界知名人物登場。他們一對一地延續緣分（所以此書原文書名為 *One On One*），最後經由英國的溫莎公爵夫人——華里絲・辛普森（Wallis Simpson）再連結到第一位登場的希特勒，完成了巨大的「緣分之圓」。

讀完這本書可以讓人感覺到，人與人之間的緣分既珍貴又奇妙，**每個人都與他人息息相關**。如果懂得這個道理，就不會隨便對待他人，同時也會小心地說出每一句話。

爭執時，我們會本能地想壓制對方，一心想用對方無法反駁的邏輯和用語將其一舉擊倒，因而選擇讓對方最受傷的話語。但是別忘了，除非是深仇大恨或敵人，盡快結束爭吵才是最好的處理方式。絕對的勝利會帶來絕對的後悔，如果不懂這個道理，執意爭個輸贏，那就是不懂真理，也是真正的輸家。

中國暢銷書作家霧滿攔江⓭說：「有意義的爭吵並不存在，當你想贏過對方時，本身就已經輸了。在生活中，能分清是非黑白的事其實不多，對勝負的執著，是情緒上的缺乏，不夠成熟的證明罷了。」他力勸讀者不要試圖透過華麗的言詞贏得口舌之爭，就像老祖先所說的「輸就是贏」，這句話簡單明瞭又實用，適合銘記於心。

好勝心會在爭吵時為自己招來禍害，一心求勝，言語上勢必不饒人，老一輩的人都說不要口出惡言，不經意說出的話可能會害死人，所以務必隨時小心。要記住，爭吵會讓佳緣變成孽緣，因此一定要放慢步調，好好地思考過再說話。

真正贏家都知道，以柔克剛的力量

有位老師父[14]，在臨終前將弟子們召集到眼前，張開自己的嘴問大家：「我的嘴裡有什麼呢？」眾人回答：「看到了舌頭。」師父又問：「沒看到牙齒嗎？」弟子們說：「師父您的牙齒都掉光了，一顆也沒留下。」老師父笑笑地說：「是阿，最後留下來的，不是堅硬的牙齒，而是柔軟的舌頭，這就是活在世上的智慧，你們要時時謹記在心。」

這就是以柔克剛的道理，**與其生氣或傷害別人，不如原諒和理解對方，因**

---

⑬資料來源：《人生很短，你要做個聰明人》，霧滿攔江著，民主與建設出版社，二〇一七。

⑭資料來源：節錄自《佛教新聞》，二七二八號，二〇一一年六月十八日。

為寬容擁有著比仇恨更大的力量，懂得這個道理的人才能成為勝者。

說者無心聽者有意，所以每句話都該仔細斟酌

我們在社會中，因為無法避免與其他人相處，所以比起獨處，容易產生更大的矛盾。如果是私底下與他人意見不合，那麼大不了老死不相往來，但如果牽扯到職場上的人際關係，那就無法隨心所欲了，因為職場生活占了人生的絕大部分，所以自然而然地就形成了主從關係，無論是公司內部（上司與下屬的關係），或是對外貿易關係（交易或合作），都是如此。

人們都喜歡當掌握主導權的那方，但問題是成為領袖後，就難免會展現出權勢。如此一來，就容易站在審判者的角度，隨意裁決、評斷他人，對別人造成傷害。

有天，一群律師在聚會上批評法官，此事引起法律界的一陣紛亂。大眾普

遍認為法官階級較高，而律師地位較低，然而下位者聚在一起批評上位者，就免不了惹人爭議，因為這些律師赤裸裸地揭露了法官在審判時的無禮行為。

首先，有些法官在法庭中會像對小學生一樣訓斥律師：「為什麼要吵這些呢？以前在學校上課時從來沒有這樣教。」據說還有法官會以不尊重的用詞，甚至是髒話進行人身攻擊。大眾們雖然懷疑這些事情的真實性，但由於太多律師們紛紛附和，所以更確定了這些事實。

我們可以發現，即使在依循法律、秉持正義的法官、律師之間，都可能演變成對立面，那麼其他職業的人更不用說了，對立只會更加嚴重。

無論是站在主導方或被動方，說話時都要特別小心，若是領導者，應該小心發言，用較圓滑的方式說出口，若不如此，對方聽來或許會感到難受，也會從此認為你是一個刁難他人的上位者。

俗話說：「說者無心，聽者有意。」務必小心發言，因此我們在說話及用詞上都要特別留意，在開口或下筆之前，先給自己慢一拍、想一想的時間。

富蘭克林也懂得「慢一拍」哲學

人們大部分是因為職場而聚在一起的，因此不免因為立場不同或利益而發生衝突，但如果只站在自己的立場而無視對方、隨心所欲地的發言，那肯定會造成聽者的傷害，最重要的是，那些傷害與痛苦會像回力鏢一樣，最終以其他形式回擊到自己身上。

美國開國元老富蘭克林（Benjamin Franklin）曾在自傳中寫到，學生時期有個朋友狠狠教訓了他一頓，指責他經常對與自己想法不同的人，說出具攻擊性、侮辱性的話語。

對此，他反省自己年輕時不夠謙遜，對他人表現出傲慢的態度；在與他人議論時，因為情緒化的性格，經常表達得太直接，不僅讓對方不愉快，自己也時常感到後悔。

他感謝朋友的指責與忠告，讓他得以醒悟，所以往後與別人對話時，他不再使用「確實」、「毫無疑問」、「絕對」等決斷性的字眼，而是用「我想」、「我認為」、「似乎是」這類更溫和、從容的思考方式與話術表達。換句話說，就是以慢一拍的方式進行自我管理。

富蘭克林說：「我意識到改變態度所帶來的好處，我逐漸習慣以這樣的態度待人，而且大概有五十年沒再說過什麼自以為是的話了。」⓯也因此他最終克服自我，成為美國歷史上最溫和又有外交手腕的人。

讀者可以思考自己用什麼方式說話，是強烈的話語、得理不饒人、直言不諱嗎？若是有相反意見，就會想盡辦法說服對方嗎？讓我們回頭檢視自己平常的說話方式及用詞，試著冷靜分析，如果發現曾經因此失誤或後悔，不妨學習富蘭克林，建立起自己的慢一拍說話原則。

⓯資料來源：《卡內基人際關係論》，卡內基著，成功戰略研究所，一九九八。

“

發言要利人利己，避免言不及義的用語。

——美國政治家　班傑明．富蘭克林（Benjamin Franklin）

”

若開口無法加分，不如沉默以對

古希臘哲學家畢達哥拉斯（Pythagoras）有句名言：「最好保持沉默，否則就要說得比沉默更有價值。」但是人們即使知道這個道理，還是會忍不住想說話，尤其是上了年紀、有點社會歷練，已懂得人情世故的大人們更是如此。

有點年紀的人因為經驗多、故事多、顧慮多，若再加上有身分地位的權威意識，常常會倚老賣老地發表長篇大論，但應該先懂得克服胡亂發表的衝動，才能成為說話高手與真正成熟的大人。

西班牙哲學家巴爾塔沙・葛拉西安（Baltasar Gracian）在其著作《智慧書》（*The Art of Worldly Wisdom*）中說道：「暴露自己的內心，就等於是給敵人武器來攻擊我們。」因此為了避免被別人打擊，我們必須沉默。

組織中的領導者特別需要運用「沉默的語言」，因為在他們身邊會聚集許多阿諛奉承、計較利害得失的人，如果輕易向這些人顯露內心的想法，那麼就容易搞砸事情。因此，身為領導人與其口若懸河，不如好好學習沉默的藝術。

林肯說：「在需要抗議的時候沉默，是一種罪、是懦夫的行為。」這句話乍看之下是要人們說出需求，不過比起什麼時候該說話，他更明白何時應該沉默，以及沉默的價值。所以他也說：「寧願沉默不語被當成傻瓜，也不想輕易地把話說盡，而喪失存疑的可能性。」林肯以精彩的演說、幽默和機智的口才，在歷史上得到高度評價，我們可以從他身上學習到適時沉默的智慧。

不輕易發言，才能獲得他人信任

一八六一年十一月，林肯順利當選美國總統。雖然他在競選期間，每每以機智口才擄獲各地選民的心，但就任後，除了基本的感謝問候外，他幾乎是惜字如金，這並不容易做到，需要擁有強大的自制力與智慧。

因為他深知在成為總統之前、之後所說的話，有著截然不同的分量。自己發表的每一句話，只要稍有不慎，就容易遭受政敵、媒體，甚至同黨的政治家們扭曲語意，所以絕不輕易發言，這就是他對於說話的智慧。

而被譽為「偉大的說故事者」的朝鮮世宗大王[16]，在即位初期也極度克制發言。當遇到國家重要議題時，他的父親太宗會出來代為發表，而世宗則靜靜地在一旁，一言不發。

即使已經將王位傳給兒子，太宗依然留戀、掌握著皇權。他毫不留情地鏟除異己，甚至不放過世宗的岳父沈溫。當太宗試探世宗是否同意處死沈溫時，他不僅始終保持沉默，還每天都去向太宗問安，且一如往常地進行日常活動。

[16]《韓文大王世宗》，歷史人物編纂委員會，歷史墊腳石，二〇一〇。

他甚至在父王處死岳父當天，仍去參加宴會，與大臣們一同跳舞。他以沉默的方式，讓太宗信任他，最終順利以三皇子的身分當上皇帝。不輕率地出頭，反而讓他得到一展抱負的機會。

歷史上有權勢的人，都可作為領導者的榜樣，雖然常人難以達到他們的境界，但我們可以從他們的處世之道中領悟沉默的價值，這可是遠遠超越「慢一拍」的說話技巧。

在話語之間稍作停頓，就能輕鬆提高聽眾注意力

一般人說話時，本能上會害怕停頓，似乎只要暫停，大腦就會一片空白，所以無論如何都要繼續說下去。

此時為了掩飾話語之間的空檔，就會不自覺地用「恩……」、「呃……」這類的贅詞填滿，但越是這樣做就越像個門外漢。

若想成為說話高手，就要培養刻意在對話中製造停頓的勇氣。其實說穿了就是慢慢地說話、偶爾沉默、休息一拍再繼續，這麼做可能會帶來意想不到的效果。

說話專家羅曼・布勞恩（Roman Braun）在其著作《絕妙口才》（*Die Macht der Rhetorik*）中提到，在句子與句子間短暫地沉默，可以讓聽眾們提出疑問，並且加以思考，同時可以製造緊張感、提高聽眾的注意力。而在演說內容之間與聽眾視線相交，或投以微笑、手勢等，更能引起聽眾的共鳴。

活用話語間的沉默，除了可以給予聽眾思考的時間，提高聽者的專注力外，也可藉此整理思緒再發言，減少口誤的機率。

“

遇沉沉不語之士，且莫輸心；
見悻悻自好之人，應須防口。

——《菜根譚》

”

笑容，是最聰明的回話技巧！

朝鮮王朝後期學者金天澤，將高麗時期以來流傳的[17]時調及歌詞，蒐集、整理成一本朝鮮文學史上首部綜合性國語詩歌集《青丘永言》。其中有句當時人常掛在嘴邊的名言：「言多必失，還是別說了吧」，讓人不禁想到，古代應該也有不少因為說錯話而受到侮辱的狀況吧！

二〇一七年五月，韓國總統文在寅上任，當時媒體們為了釐清韓國國防部購入四台飛彈發射架，是否有如實向[18]青瓦台報告一事，而掀起軒然大波。記

---

⑰ 指民間一般市井小民傳唱的小調。

⑱ 韓國總統府。

者緊追著國防部長韓民求問：「到底誰說的才是對的？」韓民求便引用了上述的名言：「還是別說了吧。」這句話用於當時的情況非常恰當。

因為若是當時總統與部長發言稍有不慎，就容易演變為真相攻防戰，但此話一出，雙方就可以停止爭論，這是相當有智慧的做法。**說話時不犯錯，就是一種優勢，所以慢一拍說話，就可以減少失誤的機會。**

仔細思考每個決定的結果，可以避免捲入無謂爭論

讓我們繼續來看看幾位知名人士的例子吧！韓國前國防部長宋永武，因為說話過於直率，在剛上任時頻遭民眾詬病。

他任內期間曾發生「⑲板門店投誠事件」：有位北韓士兵越過南北韓交界，投奔南韓，但遭其同僚開槍掃射，身負重傷。當時宋永武親自前往板門店共同警備區視察，卻語出驚人，引發另一場風波。

宋永武在享用午餐之前開玩笑地說道：「吃飯前的演講，應該像迷你裙一樣越短越好吧！」正好席間有聯合國相關人士在場，上述言論一經媒體發布，立即引發「貶低女性」的爭議。女權團體紛紛發表抗議聲明，指責他身為公眾人物，竟說出不堪入耳的性騷擾發言，要求他在全體國民面前公開道歉。

但另一方面也出現了擁護他的群眾，他們認為女權團體用不堪入耳、性騷擾等語詞是過度解讀。

此時誰對誰錯都已經說不清了，雙方各執一詞、爭論不休，混淆了事情真相。

讓我們回到前面所提的北韓士兵投誠事件。二〇一七年十一月十三日，這名北韓士兵脫逃到南韓邊界的「自由之家」，當時他身中數槍、性命垂危，由南韓槍傷權威李國鐘醫師緊急進行手術施救。

⑲坐落於朝鮮半島板門店附近的一個小區域，也被許多媒體稱為停戰村。

然而，李國鐘醫師向媒體說明他的傷況時，表示他在患者臟器發現幾十條長達二十七公分的寄生蟲，所以治療起來相當棘手，另外還說：「這是我行醫二十年來，第一次親眼看見這麼大的寄生蟲。」

在一般人看來，上述發言並沒有什麼過錯，且李國鐘醫師為了拯救生命而努力，理應對他表達支持與敬意。但卻有一位國會議員批評，此番言論製造出患者被糞便和寄生蟲汙染的恐怖形象，是一種人格攻擊。

這下，支持李國鐘醫師的評論蜂湧而出，連藝人洪錫天都出面呼籲議員不要再搬弄是非，並在自己的社群網站上發表文章：「如果哪天我遇到危險，我希望由李教授來為我動手術。如果有記者詢問我的狀況，他可以把真相全都說出來，我完全不會在意。因為光是救我一命的恩情，就讓我感激不盡了。」

然而，以「說服力」聞名的政治家柳時敏也捲入這場爭論，他在電視節目中擁護這位議員說：「朝鮮境內的糧食不足、嚴重疾病問題是眾所周知的事，有必要特地強調描述那位士兵嗎？」表示自己對李醫師很失望。

網路上馬上出現反駁的聲浪，其中最精彩的一篇，來自我朋友的貼文，他說：「照他那樣說，非洲兒童極度貧困和嚴重疾病也是世人皆知的事實，那為什麼還有人要拍成紀錄片公諸於世呢？北韓的人權和生活是什麼情況，我們都很清楚，根本無需特意塑造，李國鐘醫師只是單純描述病人狀態好嗎？」

看到這樣的脣槍舌戰，我更覺得吟詠著「還是別說了吧」的祖先真是太有遠見、智慧了。所謂爭論，就是當事人各執一詞。即使其中一方知道自己錯了，也不會承認、退讓，而是用巧妙的話術，製造話題與紛爭。

如果沒有把握可以讓對方服氣，或確定自己一定比別人有理，就不要讓自己捲入無謂的戰爭中。既得不到預期的結果，又會讓自己疲累，所以踏入爭論之前請先慢一拍，想想自己有沒有必要淌這灘渾水，最好保持沉默，並切記「近君子，遠小人」這句話。

有智慧的人，面對爭論時懂得……

在網路時代，掐頭去尾、斷章取義已經成為趨勢，閱聽者往往只聽自己想聽的、只擷取對自己有利的消息，導致很多不清楚真相的人，動不動就發起群眾圍攻。

即使最後事情真相大白，可能也已經對當事人造成不可抹滅的創傷，所以我們應該謹記「還是別說了」這句話，將嘴巴好好管緊才是上策。

但閉上嘴似乎還不夠圓滿。因為若是在對話中用一臉嫌惡的表情不發言，或在熱鬧的場合突然默不作聲，也很容易得罪人。那麼該怎麼做呢？

韓國近代田園詩人金尚鎔所做的詩《窗戶向南開著》中，最後一句就寫到：「如果有人問為什麼活著？就笑一笑吧！」

這句話意味深長，因為即使再思慮周全的回答，也會有人提出不同看法。有智慧的人不會隨便讓自己捲入爭論中，因為即使吵贏了，也會弄得遍體鱗傷，甚至失去本錢或品格，所以遇到這種狀況不妨一笑置之吧！如此一來，對方會認為你理解、同意他的話，就毋須在意他怎麼看待你的發言了。

笑也是一種對話、一種溝通、意識的表現，藉由笑來慢一拍，再從容不迫地表達自己的想法，也是種不錯的回應技巧。因此當你不願捲入紛爭時，就想想金尚鎔的詩，笑一笑，也是一種智慧。

慢一拍微笑，可以給對方留下好印象

在大眾認知中，笑容有三個方面的意義：第一是**維持形象**，因為帶著笑容的臉是討人喜歡的，可以給對方留下好印象。

第二是能**讓顧客滿意**，自從「服務至上，客人最大」的口號開始盛行，所有服務業者們都規定服務員要面帶笑容，因為唯有如此，才算提供親切的服務。

第三是能**獲得健康**。美國《週六評論雜誌》（*Saturday Review*）前資深編輯諾曼．卡森斯（Norman Cousins）自從罹患僵直性脊椎炎後，他發現微笑會使疼痛感降低，自此，微笑療法和微笑健康法開始在全世界流行。研究也證實此種方法有實際療效，可以幫助人們過更健康的生活。

然而本書想強調的，是除了上述三個益處以外，另一種活用微笑提高對話效果的方法。

舉例來說，講話時，適時微笑可以獲得對方的好感，也可以作為暫停急躁對話的手段，讓彼此都可以休息一下。

那麼應該如何笑，才能在對話時加強效果呢？

美國的知名溝通專家萊爾．隆恩德斯（Leil Lowndes）[20]特別觀察了包含路人、公眾人物、企業執行長，以及國家領導人們的笑容後，提出以下觀點。

她認為**「淺淺的微笑」最能打動人心、得到信賴。換句話說，太輕浮的微笑是不行的，尤其在非私人的對話或攸關工作方面的協商時，輕易地或是一閃**

而過的笑，容易讓他人產生不信任感。

見到人時不要馬上就微笑，快速的微笑會馬上從嘴角消失，淺淺的微笑則會在對方心中蔓延。微笑也是一種溝通方式，因此有時也需要慢一拍再微笑，如此一來，才能享受對話時的從容，減少口誤。

⑳資料來源：《跟任何人都可以聊得來》，萊爾．隆恩德斯著，龍捲風，二〇〇七。

為何嘴快的「正義魔人」，總看不到真相？

美國創作歌手巴布·狄倫（Bob Dylan），是流行樂壇史上最有影響力的音樂人之一。他的暢銷曲[21]《蛻變時刻》（*The Times They Are a-Changin*）歌詞中寫道：

作家和評論家，帶著你們的筆來預言吧。
把眼光放遠，機會只有一次，
時代巨輪仍在轉動，
留意你們的言語，
而且不必急著定論，

今天失意之人或許明日將贏得勝利，因為這是個變革的時代。

或許巴布．狄倫對那些寫文章時隨意談論、規範世界的人不太滿意，但不只是作家或評論家，就連一般人也總是習慣用自己的標準來評論這個世界。

即使親眼目睹，也未必是事情的全貌

最近在網路相當流行「直播」，民眾們經常把正在經歷或目擊的事件，零時差地上傳到網路，引起大眾的關注。

㉑ 這首歌曲發表二十年後，一九八四年，史蒂芬．賈伯斯（Steve Jobs）發明了麥金塔電腦（Macintosh，簡稱MAC），並在電腦發表會上引用了這首歌。

有些直播內容屬於事故通報，對預防犯罪及破案有重大貢獻，但有時也會發生冤枉無辜者的事。

這些目擊者將所見所聞，甚至是個人感覺公諸於世，經常製造出更多波折，這就是網路時代的副作用。

讓我們來看看以下的例子。有個韓國網民在網路上抱怨：「公車靠站後，有個小孩子先跑下車，正當孩子的媽媽準備跟上時，公車司機卻直接把門關上開走。」民眾信以為真，在網路上吵得不可開交，甚至有人在青瓦台的網頁上留言，要求重重處分公車司機。

但事後根據周圍監視器及行車紀錄器調查結果，實際情況與這位網民所說的截然不同。

雖然公車司機最終洗刷了罪名，但這期間他吃了不少苦頭，甚至差點丟了工作，非常冤枉。

後來這位網民承認自己的錯誤，事情才終於結束。試想，若是監視器或行車紀錄器不巧故障，不知道事情會演變成什麼樣子呢？

因為監視器故障而讓真相不明的事件不勝枚舉。幾年前也曾有位孕婦，在網路上抱怨餐廳服務人員態度不佳，雙方因而起了爭執，對方甚至動手打人，孕婦說：「他明知我懷孕，還踢我肚子。」

內容曝光後，民眾憤怒地要求那位服務員出來道歉，並對那間餐廳進行留言轟炸，直到餐廳老闆發出鄭重道歉的公開聲明後，事情才平靜下來。

然而經由監視器查證後，警方確認服務員並未用腳踢孕婦的肚子，服務員差點就因為莫須有的罪名而成為被害者了。

活在這個世上，我們要明白自己所看見的未必是事情的全貌，就算用親眼確認，也可能有所誤會。

但儘管如此，還是有很多人不過濾、求證訊息，就以自己的想法與眼光評斷事件。接著就會有更多人搞不清真相，就急於相信這些看法，造成別人的傷害。

當然，那些正義者的真心和告發精神值得讚賞，因為我們看到不合理的事件，就會想要發揮正義感，然而，還是必須思考自己的判斷是否正確，否則衍生的問題會相當嚴重，可能會害自己被肉搜，或者成為殺害無辜者人格的人。

我們應該放慢腳步，想想自己的判斷是否正確，思考事情的真相後再慎重行事才行。若是無辜的受害者因為無法擺脫冤屈而自殺，那就真的成為兇手了，如此一來我們將一輩子活在懊悔中無法自拔。

透過上述的例子，讓我們再回想起巴布．狄倫的歌：「不要急於判斷，不要草率地做出決定。」**與其立即做出反應，不如慢一拍、慎重地考慮事態的始末與發展，再下論斷。**

▼▼▼同場加映

說話太過輕率，最容易後悔

有次我到濟州島遊玩，突然想起附近的馬羅島，那個小島還沒被過度開發，保留著原始的樣貌。

於是我問司機：「這種孤島上有什麼好玩的呢？」計程車司機聽了我的話，冷淡地回應：「馬羅島自然有讓那裡的居民覺得幸福之處。」

我頓時尷尬萬分，並為自己傲慢的提問感到羞愧，我當時實在太輕率了，應該慢一拍，好好想過再說話才對……。

習慣探究結果背後的原因，就不會白目失言

印度詩聖泰戈爾（Tagore）雖然曾榮獲諾貝爾文學獎，但他也有屬於普通人的一面，就讓我們來看看以下這個小故事。

有天早上，泰戈爾趕著工作，但負責整理家務的僕人始終沒有出現，一、兩個小時過去了，他因為心急，所以非常生氣，心裡暗自決定要教訓他。

家僕一直到下午才現身，仍像往常般努力幹活，一副什麼事都沒有的樣子。但泰戈爾一見到他就大發怒火地喊：「你現在就給我滾出去！」僕人遵守命令，並在離開前向泰戈爾道別，他說：「主人，對不起。因為我的女兒昨晚死了……。」

家僕礙於身分卑賤，所以早上草草辦完喪禮，下午還是必須盡僕人的本分到主人家工作，並非懶惰不想上工，而是不得已才這麼做。

了解真相後，泰戈爾向這位家僕道歉，並讓他繼續留在家中服務。並且學會往後無論在什麼樣的情況下，都不再隨意責怪他人，或做出武斷的決定。

每個人都有不得已，所以千萬別草率地評價他人

這個故事是在我還是上班族時發生的。公司新進了一個女職員L，其他女員工們都在背後議論她是鐵公雞，連杯咖啡都捨不得請別人喝。

正因如此，公司間出現了各種流言蜚語，雖然她從沒有做錯事或行為不良，大家還是想盡辦法說她的閒話，例如：「年紀輕輕對錢這麼在意，真是沒有教養」這類人格攻擊的話。

久而久之，原本沒什麼大不了的事，卻像滾雪球一樣越滾越大，最後大家都相信了這些莫名其妙的傳言，越來越不喜歡她。

不久，L的父親不幸過世，大家才在喪禮上得知驚人的事實——原來L來自單親家庭，小小年紀就必須獨自照顧生病的父親和年幼的弟弟，所以她才會對金錢格外在意。

從故事中我們可以學到，想要批評或評論他人時，請先暫停、冷靜一下。因為對方也許有嚴重、不得已的狀況，此時應該思考自己是否了解事情全貌？當下做判斷會不會太急？有沒有可能言之過早？

或許你眼裡的鐵公雞，其實比誰都還認真、努力地過生活，所以千萬不要草率地評價他人，應該用心去感受。有時稍微改變想法，看待世界的眼光就會不同，對待他人也會柔和許多。

另一個故事是這樣的㉒，一位老教授的兒子突然自殺了，老教授非常以兒子為傲，所以為此悲痛萬分。

喪禮上有人不會看臉色地問：「怎麼會突然自殺了呢？」此話一出，無疑是在教授傷口上撒鹽，只見教授面無表情地回答：「他一定有他的理由吧。」

失去親人的悲傷無法一語道盡，身為父親，雖然比任何人都難受，但因為不知道兒子自殺的真實原因，所以也只能相信兒子有自己的理由，並後悔自己無法替兒子分擔痛苦。

當想要衝動發言前，可以再次思考「他一定有他的理由吧」這句話，如此一來就可以避免用自己的標準來衡量別人，且在提出主張和立場前也應該再慢一拍，仔細想想再開口，才不會對別人造成二度傷害。

㉒ 節錄自作者著作《女人不知道的事》。

“

每當你想批評別人時，要記住，世上不是每個人都有你這麼好的條件。

——美國小說家 史考特．費茲傑羅（Francis Scott Key Fitzgerald）

”

▼▼▼同場加映

了解情況後再說話，才不會傷害他人

有個人很喜歡笑，而且總是拼命地大笑，只要一有空就哈哈哈地笑個沒完，但是這漸漸造成別人的壓力，特別是對住在樓上的鄰居來說，他的笑聲成為引起煩躁和憤怒的根源。

鄰居反映了好幾次，要求他笑小聲一點。每次抱怨完似乎都會暫時安靜些，但不久後就會故態復萌。長久下來，害鄰居對一點小小的聲音都很敏感，瀕臨精神衰弱，於是鄰居來到樓下，想要給這個男子一點教訓。

樓下的男子打開門，看到手持利刃的年輕人當場嚇傻了。鄰居氣呼呼地問：「你為什麼要笑成那個樣子？」男子無奈地把上衣拉起來，露出肚子，接著說道：「對不起，我因為罹患癌症接受了三次手術，醫生說現在只能用大笑療法了，請你原諒我。」

看到對方腹部上明顯的手術疤痕，樓上的年輕人頓時無話可說，只能點點頭，同時說：「請繼續笑吧。」

眼見未必就能為憑，了解情況後，才能說出適宜的話。（根據實際故事改編）

推銷時，越急越要「穩」，因為先亮底牌就輸了

近年來，有些人甚至在百貨公司買東西也會討價還價，標價簡直形同虛設。在汽車買賣市場上更明顯，人人都想以最低價格拿到最高級的配備。而我們在職場中自然也無法避免，許多人會針對年薪或福利與老闆進行協商。

大家必須切記，協商時最重要的原則就是——**「不要露出自己的底牌」**。由王海山所著《在哈佛學談判》一書中，透過許多案例分析了協商的戰略。其中就有一則因為露出底牌，而損失原有利益的有名例子。

一九六四年，聯藝電影公司（United Artists Releasing）與披頭四（The Beatles）的經紀人見面，電影公司打算開出兩萬五千美元（約新台幣七百八十萬元）的價格邀請披頭四演出，同時讓他們拿百分之二十五的票房收益。

討論細節時，電影公司並未先將自己的條件說出來，反而先問經紀人期望的條件，因為經紀人不懂談判技巧，所以非常迅速並果斷地說：「我們要百分之七．五的票房收益，而且不接受殺價。」他自認為這個條件相當合理。

這就是業餘者的做法，談判中不該如此倉促、果斷。就連談戀愛也得欲擒故縱，更不用說涉及金錢的協商了。

於是雙方很快就進行簽約，電影公司當然很開心對方開了如此簡單的條件，但經紀人知道事實後應該會捶胸頓足吧。**因此，在必須與對方拉鋸的談判中，如果太急躁、太快露出底牌，就會屈居下風，成為輸家。**

個性太過急躁，容易讓自己處於不利情況

有次我接到一通邀請我去演講的電話，談條件時一切都很順利，終於到了最重要的價格問題，對方問我：「請問您如何收費呢？」

我在腦中快速地粗估了一下，然後小心翼翼但理直氣壯地說：「一百五十萬韓元（約新台幣四萬元）就可以了。」負責人立刻明快地回答，「好，沒有問題。」就在即將掛上電話之際，我聽到話筒那端傳來：「預算還抓了兩百萬元（約新台幣五萬三千元）呢……。」

當下我真想撕爛自己的嘴，雖然對方馬上同意我要求的金額，但不知怎麼的就是覺得有些吃虧。雖然不能說協商失敗，但因為我先亮出底牌，還是造成了損失。事後想想，我應該先平復情緒、冷靜思考後再發話。

寫這本書的我也犯了這種失誤，真是越想越覺得尷尬，但就是因為我有很多失敗經驗，所以才想分享給大家，讓各位別再犯一樣的錯誤。

讓對方先開口，你就贏了

所謂「冰山一角」，是指冰山露出水面的部分只有百分之十左右，也就是說，看不見的部分比眼睛所見的要多更多。人心也是如此，越老練的人越是深藏不露，這無關乎對錯，有時候對方所暴露出來的言行，可能不只是冰山一角，而是完全出乎你的意料之外，在激烈競爭下更容易出現這種狀況。

協商時，我們經常摸不透對方隱藏的意圖，或分不清彼此的底線，在這種情況下，究竟應該用什麼方式說話呢？

最重要的一點就是，絕不能輕易暴露自己的內心，當然對方也不會隨便將意圖亮出，不過越是僵持，就越要等到最後再發言，無論如何都不要太快說出自己的想法。

在協商中切忌急躁，否則容易失敗，應該沉著從容地應對，並適時地緩和放鬆，當對方感到坐立不安時，就會忍不住先開口，當他先發話，你就成功取得主導權了。因此，有時候即使喜歡對方的提案，也要像沒事一樣，堅定地閉口不言。

就像菜鳥新兵在伏擊戰中，一聽到細微的聲音就想馬上開槍，但這麼做只會暴露自己的藏身之地；老練的士兵則會耐心等待敵軍完全進入射程後，再精確地射擊，一舉攻占目標。

對話與協商也是一樣的道理，如果輕率地說出來，就可能暴露自己內心的想法和底限，所以當你覺得已到關鍵時，請再等一等，或許還不到最後一刻。

不過，不能讓別人認為我們的沉默是因為沒有對策[23]。所以眼神仍要炯炯有神，只要嘴唇緊閉、淺淺露出微笑就可以了。等到最後有人問出：「你一直沒開口，有什麼想法呢？」這時就暢所欲言吧！此時應該已經可以摸清對方底牌，或至少能為對話做出總結，也就是說，可以提出更高一階的意見，那麼勝利就是屬於你的。

[23] 資料來源：《被兔死狗烹》，金容前著，midasbooks，二〇〇六。

同場加映

不要露出底牌 VS. 先說先贏

在協商理論中，有「不要先露底牌」，但也有「先說先贏」兩種相異的說法。

先提出主張的人，代表有堅定的目標，可以主動面對談判，也能夠先掌握談判的主動權。

尤其是在價格透明的協商中。

也就是當協商的物品或勞務價格攤在檯面上時，最好先發言以掌握協商的主導權。

但在進行價格不透明的協商時，例如諮詢合約、專利費合約、賠償金合約等，最好誘導對方先提出主張，不宜太早表露出自己的心意，如果先提出想法，卻與對方的期望相背，很可能會因此被牽制。

因此，懂得根據情況，適當調整提出主張時機的人，才能算是真正的談判高手。

談判時，讓對方先梭哈的關鍵是……？

協商時若想取得成功[24]（事實上應該取得雙贏才對，所以在此說的成功一詞，應該視為最佳成效），就得讓對方先開口，因此必須先掌握對方的訊息，同時保護好自己的情報。

而為了取得資訊，也不能完全閉口不言，因為對方也絕不是省油的燈，不會輕易露出自己的底牌。

所以此時你必須進行提問和傾聽，**提問自然能讓對方開口，若要透過此方法了解對方，一定要聽清楚他所說的，如此就能讀懂對方的心思、找到對方的籌碼，獲得有用的情報。**

至於打出自己底牌的最佳時機，是在對方發言完畢後，若是對方像連珠炮似地發言，就讓他盡情地說話吧，突然打斷是不成熟的舉動。就算對方越扯越離譜，也別急著評論，認真聽取對方發言，才是協商的技巧，在此不是該慢一拍，而是該專注地傾聽。

學會提問，可以獲得這3個正向效果

一提到談判，最先想到的就是銷售人員，他們總是與顧客進行協商。而且在銷售人員的培訓中，最重要的就是關於說話訓練及傾聽訓練，為了能學會傾聽的藝術，這時最有用的方法就是提問。

世界級銷售天王湯姆．霍普金斯（Tom Hopkins）就曾表示：「知道如何提出適當的問題，是銷售人員完成銷售訓練的必經之路。」

㉔資料來源：《協商的祕密》，朴明來、金國進合著，DBpia，二〇一三。

CNN的主持人法蘭克・塞斯諾（Frank Sesno）在其著作《精準提問的力量》（*Ask More*）中提到：「傾聽的黃金定律是，想要別人聽我說話前，要先傾聽別人說話。」不過他也補充道：「為了好好傾聽，必須先好好提問才行。」藉由提問與傾聽的循環，才能發揮交互作用。而且好提問會帶來好答案，能讓提問者更專注地傾聽對方的故事。

但是不成熟的人往往喜歡以審問的方式堵住對方的嘴，例如：「你不喜歡我的提案嗎？」用這種方法來確認自己的想法是否正確，並追究對方為何不喜歡。

但是這麼做，可能會讓對方採取防禦性的姿態，將心門關上。一個好的提問應該採取開放式回答，例如：「你覺得這樣如何呢？」以這樣的方式問話，才能讓對方打開心門，進而發言，此時你就應該專注傾聽。

好的提問可以產生很棒的效果，第一，**可以讀懂對方的想法、獲得訊息**。例如用：「你覺得如何呢？」這樣簡短的提問，可以誘導對方說出自己的想法或立場。

而為了回答問題，對方會把話攤開來說，越是如此，收穫的訊息就越多，因為人都喜歡而且享受可以暢所欲言的機會。如此一來，**即使話說得少，依然可以掌握對話的主導權**，這就是提問的第二個效果。

第三，也是最重要的一項，就是**可以提高說服力**。如果為了說服別人必須發言，那麼就不能不說話，在這種情況下，若是對方出現不情願的表情，或越來越不專心，你就會更感到著急，不自覺說得更多、更快，陷入惡性循環中。

所以，換成提問不僅可以為自己爭取時間，還能讓自己放鬆，並掌有話語主導權。一個語意完整的提問，可以讓對方主動尋找答案，沒有比這更好的方法了。

在職場生活中，也可以利用這個方法。例如主管滿腔熱血地說：「我們一定要達成這個目標！」接著開始冗長的說明，組員們不會有太多反應。

但如果改問大家：「該如何達成這個目標？」如此一來，組員們就必須動腦筋想，並提出方法，互相討論如何達成目標，再共同得出某種結論。過程中，組長即使看起來絲毫沒有正在說服的跡象，但事實上輕鬆地就能說服組員。

提問和傾聽可以使說話的人慢一拍，發揮從容應對的智慧。不管是協商還是對話，如果想好好引導對方，就該學會協調運用提問和傾聽的智慧。

MEMO

/ / /

細節篇

贏家勝出關鍵是，說話時「慢慢表達」

承諾時，留一點轉圜

有個老人在臨終前向兒子交代遺言[25]：「你一定要記住成功的祕訣：第一，不惜一切代價也要履行諾言；第二，千萬不要隨意做出承諾。」這個寓言故事說明了承諾的正反面，人們往往因為草率約定，最後無法履行；或者為了遵守諾言而倍感壓力，讓我們來看看以下的例子。

有群同學在跨年聚會上見面，三杯黃湯下肚後，有個人說：「明年開始，我們乾脆帶上另一半一起參加，這樣聚會一定會更熱鬧。」現場的人紛紛附和，氣氛非常熱絡，所以當下即使有人內心反對也不敢提出。

接著另一位剛從海外旅行回來的同學又說：「既然是夫妻同行，那麼明年乾脆一起去海外旅行好了。」接著有人做了具體性的總結：「那麼明年四月中句就帶另一半一起去泰國吧！」大家紛紛答應，並約定好不能反悔。

隔年春天悄悄地來了，當初提出建議的朋友，在群組聊天室裡上傳了夫妻團體旅行計畫，並要求大家先繳交費用，此話一出，情況立刻變得尷尬。最後，十二對夫妻中只有七對繳了費用，聽說有兩對是因為心軟才答應去的，還因此造成夫妻吵架。承諾這件事，真是讓人「啞巴吃黃蓮，有苦說不出」。

我們經常在情緒或氣氛使然下做出承諾，但隨時間流逝，大部分會因為情況或心境變化而無法遵守，相信讀者也有很多做出承諾後又反悔的經驗吧！

即使非常有把握，也請留下一點轉圜餘地

我經常答應朋友要把我寫的書送給他們，所以每次書出版後，我首先要

㉕資料來源：《愉快的人際關係》，金達國著，新提案，二〇〇五。

先確認手機裡的備忘錄，但每次都會因為贈書對象太多而到無奈，這就是我答應太多人的結果，有時送書量甚至超過出版社提供的作者贈書，導致我得自掏腰包再自行寄送。每當這種時候，我就感到後悔，但其實是後悔送書的數量太多，而不是後悔送書這件事，而且寄書真的相當麻煩。

也許有些不了解情況的人會說：「就送那麼點書有什麼麻煩？」但是每一本書上我都必須寫上幾句話、簽名後再確認地址，而且一一對照郵遞區號這件事也讓我傷透腦筋，接著得將書本包裝好後載到郵局寄送，其實真的不是件輕鬆的事。每次我都會下定決心，以後不再隨便答應贈書了，但下次我又會忘記，事情又會重演。

前述老人的臨終遺言是正確的，徹底遵守承諾無疑是成功的必要因素，所以最好不要隨意做出承諾。

歷史上的英雄豪傑劉備、曹操等人的處世祕訣——[26]「厚黑學」中也強調，誠實可信的人，只要把話說出口就絕對會達成。因為這是信任的基礎，哪怕只是一個小小的承諾，只要無法兌現，就會破壞信任。而會輕率承諾的人往往缺乏信義，比起當一個沒有誠義的人，不如一開始就不要答應別人。

俗語說：「一言既出，駟馬難追」，承諾應該慎重，因為一不小心就會成為束縛的枷鎖。所以在說話之前應該要慢慢思考、惜字如金。即使已經確認過可以做出承諾，也應該為自己留下轉圜餘地。如果可能無法遵守約定，建議使用「盡可能」、「如果條件允許」、「可以的話」這類較圓滑的修飾語，也是一種方法。

切記，做出承諾就一定要遵守，因此不要急於把話說滿。我下次一定要這麼說：「如果記得，我會寄書給你。」這麼一來，即使無法遵守承諾也無妨。

㉖資料來源：《愉快的人際關係》，金達國著，新提案，二〇〇五。

「別說喔」這種話，一定曝光

有次公司舉辦聚會，不知怎麼的開始討論起A，大家輪流說著：「他最近怎麼樣」、「離開後沒人知道他在做什麼」、「聽說他好像回老家去了……」、「他本來就有很多不為人知的事」等等的話。也許是現場負面氣氛使然，我也不知不覺冒出一句話：「他不是離婚了嗎？」

我當時的語氣雖然不是肯定，但也代表在我的認知裡，依然存在著老舊價值觀——認為離過婚是件丟臉的事。

話剛說完，我心裡就知道慘了，因為在場的P幾年前也離了婚，我事後非常後悔，當時真該仔細思考再發言的。

世界很小，說話要小心隔牆有耳

某次吃飯時，餐廳裡播放的電視新聞中，出現了某社會團體的會長B，他因為貪汙而被批評，大家紛紛罵道：「又是個貪汙的傢伙」、「這世界真的越來越糟糕了」、「那些位高權重的人沒有一個不貪汙的」，越說越不客氣。

此時我偷偷瞧見了坐我對面的H的臉，他一直把視線固定在電視上，始終一言不發，靜靜地看著大家肆無忌憚地惡意批評，這時H突然從座位上站了起來，大聲地說：「喝得差不多，該回家了。」說完就逕自走出餐廳。

面對這個突發狀況，大家有點驚慌，但很快就察覺到氣氛不太對勁。因為H以前在擔任高層時，也曾因捲入貪汙事件而接受過檢察機關的調查，直到被判緩期執行前一直飽受委屈。雖然我們都知道他並沒有貪汙，但對他來說，那是一個很深的創傷。

下面再介紹另一個故事。有兩個同時進公司的人在洗手間相遇，一邊小解一邊聊天：「欸，找個時間喝一杯吧！」對方回：「好啊，沒問題！話說我們明明都在同一層樓辦公，卻只能在這種地方相遇。」兩人一邊洗手一邊聊天，其中一人說：「你們部長總是扳著一張臉，你在他底下工作還好嗎？」因為主管們不太會使用這個洗手間，所以兩人放心地談論起部長。

對於這個提問，如果只說「還好」就不會有問題，但壞話通常只會引出壞話，另一個人便回答：「整天扳著一張臉就算了，你要是看他做事，那才真的會把人悶出病來。」

他們萬萬沒想到，在洗手間最裡面那間，有個人正一邊大號一邊聽他們說故事。在裡面的不是部長，而是科長，科長聽了他們的話之後，出去就一五一十地告訴部長。結果如何呢？就留給讀者想像吧！

這世界其實很小，要小心的事很多，千萬別想到什麼就說什麼。**凡事要慢一拍再行動，調整好心態並觀察周圍的狀況，只有先預想到最壞的狀況，才能防止意外發生。**

搶拍時，通常容易「自曝其短」

在筆者四十年演講生涯中，我得到的教訓之一就是——千萬不能小看聽眾。作為講師，有自信是好的，但如果看輕聽眾，可是會吃苦頭。雖然為了克服舞台恐懼，可以秉持著「坐在底下的人都不算什麼」的心態，但一定要知道，聽眾當中不乏人品、學識、經歷比自己還優秀的人，所謂人不可貌相，千萬別單憑外表或部分條件來評斷他人。

舉例來說，要是在演講中提到「我每天都先冥想後才去上班」，並分享自己從書中鑽研出的冥想要領，此時聽眾中若有此領域的大師就糗大了。

所以別因為身為演講者而自傲，應該謹記在座一定有比自己知識更淵博之人，並小心翼翼、謙虛地發言。一言以蔽之，我們應該反思自己是否不經意地在關公面前耍了大刀。

發生巧合的機率比你想像得高，所以務必謹慎發言

另一個例子是我某次去一個民間團體講課，過程中我針對政府的某項政策做出一些評論，並嚴厲地提出質疑。我的發言不是基於惡意，而是因為大家對這個議題多少都有同樣的感覺。

不過言談的微妙之處，就在於批評容易產生更多批評，此次演講由於聽眾是普通企業職員，所以以公務員為對象，應該能夠引起共鳴，因此我也順便對公務員們錯誤的處事方式，及不知變通的態度提出指責。

結束後，我還覺得自己說得很對，認為大家聽了應該會心頭為之一快。

離開時，那間公司的執行長特別派車送我回家。

在路上我與司機聊天才知道，原來執行長以前曾任職於我剛剛大肆批評的

政府部門。

我完全沒想到事情竟然如此湊巧，那麼他剛才心裡一定對我的發言很不是滋味，而且可能會讓他在下屬面前很尷尬。

不僅如此，執行長也曾負責我演講中提到的事情，在他眼裡，我的發言成為「只知其一、不知其二」的淺顯短見。

現在回想起來，我還是後悔當時輕率的發言，並想藉由這本書表達我的歉意。

總之，這個世界很複雜，常常會發生意外狀況，所以每當開口說話時，務必深思熟慮才行。

即使對方說錯了，也該以謙遜的方式糾正

以上的例子告訴我們，演講時，聽眾裡可能會有各領域的專家，所以說話

要謹慎、切忌大放厥詞，應該有所根據再發表言論。

讓我們換位思考，假設你以冥想大師的身分參加一個聚會，可是卻聽到在座的某人用不成熟的邏輯談論冥想；或是以高級公務員的身分去聽課時，講師卻對政府政策和公務員的處事方式大肆批評。

這時要是你站起來反駁說：「不是那樣的，我有三年的冥想經驗……」，或是「這麼說就不對了，我就是那個部門的公務員……」，結果會怎樣呢？自然會讓講師感到難為情。或許你當下會感到痛快，但壓制、戰勝對手，又能得到什麼呢？

發表言論之人也許並非出於惡意，只是因為不了解情況，或者因為視角不同才會那樣說。不過讓對方下不了台的你，也一樣不成熟，甚至比大放厥詞的演講者還差。

人際溝通權威萊拉·朗德斯（Leil Lowndes），在她的著作《跟任何人都可以聊得來》（*How To Talk To Anyone*）中特別提到，當有人把你做過的、關心的、你更了解的話題提出來時，應該閉緊嘴巴，什麼都不要說，讓對方享受自己的獨白。

如果你想開口，也該謙遜地發言，千萬不可讓對方感到難堪，這樣才能與他人聊得來。

當對方懷有惡意或強詞奪理時，把正確的訊息說出來是理所當然，那樣做對對方也是好事，在這種情況之下，絕不能跟對方一樣帶著惡意，或爭論得面紅耳赤，此時閉上嘴、慢一拍發言，才是有智慧的處世之道。

為何贏家都懂得運用，超慢說的5個優勢？

我認識一位K先生，他是大家口中所謂的達官顯貴。他在發言時總是慢慢地，就像下圍棋一樣，謹慎觀察過後才會開口。雖然有時讓人感覺鬱悶，但久了就會發現，這種做法其實有很多優點。

要慢慢說話其實並不簡單，要原本說話快的人改正習慣更是困難，但請切記，真的會說話的人，都是慢慢地與他人交談。

慢慢說，並不是單指放慢說話的速度，而是邊思考邊說話的意思。如果只是講得慢，會讓人感覺不耐煩。所以應該視當下狀況、預想後果，再有邏輯地將想說的話傳達給對方。

慢慢說話可以得到5個好處

如果被對方意識到你故意慢慢說話，可能會帶來其他副作用。所以，最好的方法是：把原來說話的速度「有意識」地放慢就行了，這麼做可以得到以下的好處：

第一，**可以同時整理思緒**。這麼做可以降低口誤的機率，當你慎重地選擇用語，就不會隨便做出承諾，也不會急於下結論。

第二，**加深對方的信任感**。請讀者試想，與一個說得又急又快之人對話，你能信任對方嗎？

口才出眾的人最容易犯下口無遮攔的錯誤，因此說話越快的人，越難以被信任。

第三，**提高說服力**。說話慢容易讓人感到信任，講話自然就比較有說服力。

世界著名銷售培訓大師布萊恩·崔西（Brian Tracy）說：「想具備說服力，說話就要慢、發音要清楚，才能把想法自信地表現出來。」

事實上，比起講話滔滔不絕的銷售人員，較木訥的人業績會更好，因為這種人比較不會浮誇地形容商品，而是按照原本的商品文案介紹，讓人更願意相信。

第四，**較具有優勢地位**。職場中我們可以發現，職位越高的人說話就越慢，因為在心理上較從容，所以說起話來才會有安全感、不疾不徐的感受。

第五，**比較省力**。說得快，就需要使用比較多的能量，尤其在演講或講課時感覺更明顯，說話其實可以算是一種勞動。

不過雖然建議你慢慢說話，但也總不能一直都慢慢說，可以參考「敏銳想像力研究所」所長金容燮所提出的交談要領——「高與低」，也就是在說話時要調整三種高低：

第一，**視地位的高低調整發言**。根據現場情況的不同，有時應該吹捧對方，有時則要表現自己，這是種自信感與適當謙虛的混合戰略。

第二，**調節說話速度**。不該一直慢慢地講，而是適時地調節速度。平常對話以正常語速進行，但到了重要場合，就要一邊思考一邊慢慢地說話。

第三，**參考對方的情況調整聲音高低**。

無論如何，我還是建議大家最好先思考再發言，才不會失言。

棒打出頭鳥，你得訓練自己靜待說話時機

下一則故事發生在某間企業的教育訓練中心，春意未消的五月某天，突然襲來不合時節的燥熱，但因為教育中心院長非常有原則，他規定受訓學生們不管多熱，只要還未換季，都得統一穿著冬季制服，而且也不能開空調，所以大家就這樣在教室裡汗流浹背。

隔天上午的會議中，有位半個月前才轉調來的年輕職員理直氣壯地說：「兵營的紀律比這裡嚴格多了，但是只要天氣太熱，營長還是會讓我們把上衣脫掉，這才是比較合理的做法吧？」

語畢，全場一片靜默，院長的臉也瞬間鐵青，會議室的氣氛變得很僵。此時最資深的職員出面收拾這個狀況，他說：「忍受酷熱也是訓練內容之一，因此不管再熱，都應該依規定穿著制服上課。」

院長聽了之後，臉上表情總算緩和一點，他表示大家可以把心中的想法說出來，但大家像約好了一樣，異口同聲地說：「還是穿制服上課好了。」

最終的結論果然還是維持原樣，那位年輕職員感到無可奈何與不解。

後來他才知道，不違背院長意願就是訓練中心的風格，也算是一個不成文規定。那些老練的前輩們就是因為了解這點，才順著院長的心意說話。至於誰對誰錯呢？讀者們可以思考看看。

時機未到，就不要強出頭

有個青年C畢業自頂尖大學，且順利進入大企業成為新進職員，不僅正直還相當有實力，但他進公司沒多久，就陷入一個巨大的考驗……。

某天快下班時，組長說：「今天要聚餐，請大家七點在XX餐廳集合。」

這位組長是個凡事以自我中心、愛耍權威的人，講好聽點是具有領袖氣質，事實上就是自以為是。

組員們都在私底下抱怨，但礙於組長的威勢，在他面前還是只能默默承受，一聲都不敢吭。

而C才剛出社會，他無法理解為什麼大家不敢反抗、逆來順受，於是他決定站出來說話：「組長，我建議聚餐這種事最好不要當天宣布，因為也許有人已經有行程了，或有其它約會，這樣似乎有點……。」C認為自己表達得很委婉。

然而，他說完後辦公室突然一片寂靜，氣氛非常尷尬，其他職員的臉上交錯著「這句話真是大快人心」的肯定眼神，和「不知道組長會有什麼反應」的好奇眼神，但始終沒有人出聲附和。

一陣沉默後，組長用低沉的聲音說：「是嗎？那有事的人可以不用參加聚餐。」

雖然組長這麼說，但聽起來卻話中帶刺，意思像是「你們自己看著辦吧」，那一瞬間C終於恍然大悟，這種自己跳出來說話，卻沒有任何人附和的情況，就像是足球比賽中的越位。

發生那件事情後，C與組長變得很生疏㉗。之後C與在其他公司擔任幹部的大學學長見面時，談起當天的事，他對學長大吐苦水：「學長，我有做錯嗎？」學長笑一笑回答：「沒錯啊！」

學長接著又說：「但是話說回來，你太著急了。你才進公司兩個月，應該等到與組長熟悉一點，至少是可以開玩笑的程度，再提出建議會比較好。在你做出一番成績之前，有些話還是應該先忍一忍。」

說話的時機太早、太急躁，比起其他人做得太過頭，就算是一種越級了。

㉗節錄自作者另一本著作《對新進員工的建議》。

太急於表現自己，可能會成為他人的「黑名單」

不知從何時開始，社會上開始將「與眾不同」的人視為人才。我曾見過人事部在招聘新進職員時，直接坦白地說：「我們喜歡與眾不同的人才」。

企業主們為了確認應徵者是不是這種人才，會請面試官會提出各種奇特的要求，包括唱歌、表現才藝，或是提出一些意想不到的問題。例如：「如果用瓢子把漢江的水舀光，大概需要多少瓢？」用這種出其不意的題目，測試應徵者的創意與反應。

不過再與眾不同，新進員工就該有新進員工的樣子，那樣才能在組織中生存。

在我還是個上班族時，有三名職員因人事異動，而轉調到我們部門。身為事務所長的我為他們準備了歡迎會，邀請職員們一起吃晚餐、喝點小酒。

在這種場合，大家難免覺得生疏，更何況是新來的職員，在熟悉環境之前，保持低調、謹言慎行，才像是新加入的職員，所以他們話不多是正常的。

但在這三人當中，有位S卻一反常態，像與大家認識很久一樣，想說什麼就說什麼，也會突然哈哈大笑。

第一次見面，就讓人感覺他想在席中掌握一切，所以不怕生、滔滔不絕地發言，有時還會惹得大家爆笑，是個與眾不同的人，反而是老鳥們都保持沉默。

聚餐結束後，其他職員紛紛說：「真是什麼話都敢講啊」、「以後一定會招來很多不滿」，他一定沒想到大家會這樣批評他吧。

後來他的日子果然過得不太好，因為在大家眼中成了一個輕率的人，最後只能落寞地離職了。

與眾不同的人，最常先站出來說話，但總是急躁又不懂得看狀況，說不定還自認為是「凡事都很積極的人」。

但千萬別忘了，不管**在職場或一般社會中，行事莽撞、愛出頭的人，很難獲得別人的好感。**

當然，若是認識久了，關係已經比較熟悉，當然可以盡量展現自己的特長，但**凡事都有適當的時機和狀況，因此要懂得分辨情況，切莫自作主張**，在說話與行動前還是多想一想才好。

不想出糗、被看透，就要……

有天，公司的許代理突然說：「上次在公司創立紀念會上，聽說崔代理沒有依照常務的指示做事，結果被常務狠狠訓了一頓……。」

話還沒說完，金代理馬上開始說崔代理的壞話：「崔代理做事本來就粗心大意啊，他之前不是也被部長罵過。」這時，許代理打斷金代理的話說：「不是那樣的，後來才知道，常務把事情交給朴代理，卻以為是交給崔代理，所以崔代理莫名其妙被訓了一頓啊！」

金代理沒想到一時的心直口快，反而顯露出自己的內心想法，還讓人看到他講別人壞話的樣子，真是太難為情、太荒唐了。

說話搶快，可能會讓你的努力前功盡棄

上述的狀況應該常常發生，只聽了一段話就輕易斷言，還把心裡的想法全都說出來，反而讓自己陷入尷尬的立場。太過獨斷而搶先發言，非常容易突顯自己的不足，另一種類型就像下面的例子。

有位金科長在假日接到部長的電話，部長問道：「金科長，明天早上你有空嗎？」金科長害怕部長要交代工作，就馬上回答：「是的，明天約了大學同學一起吃午飯。」在部長下達命令前築起拒絕的小牆。

部長聽了之後說：「那就沒辦法了。我有三張飯店自助餐的招待券，突然有事不能去，原本想說可以給你，現在只能去問問崔科長了，祝你聚會愉快啊～」金科長掛了電話不禁後悔地想：「真是的，為什麼要講那麼快呢？」

讓我們再看看另一個例子。

有個房屋仲介對買家K說：「我手上有一間房子很不錯，因為屋主打算移

民新加坡，所以想要急售。」

「急售」這個詞非常有吸引力，通常這樣的房子都會比較便宜，於是K的耳朵馬上豎了起來。

仲介繼續說：「屋主開價六億韓元（約新台幣一千六百萬元），如果我去說服，應該五億七千萬韓元（約新台幣一千五百萬元）左右就會賣了，上次聽說有人出價五億九千萬韓元（約新台幣一千五千六百萬元），但是屋主不同意。」

聽到這番話，K想：原本六億的房子，有人出價五億九千萬，屋主堅持不賣。現在因為屋主急著搬去新加坡，所以或許用五億七千萬左右就能買到，若錯過這樣的好機會豈不是太可惜嗎？於是K馬上拜託這位仲介。

第二天，K接到仲介來電說事情辦妥了，就這樣，K喜孜孜地買下了房子，他心想真是賺到了。

然而事實上，屋主開價六億元，但委託給仲介公司的金額下限是五億七千元，所以K並沒有賺到，如果能再堅持一下，或許還可以再討價還價一番。

結論就是：話說得太快了。其實這棟房子還有再議價的空間，但K卻因為被仲介的「話術」吸引，沒想那麼多就馬上下決定，實在太急躁了。

所以**千萬不要太果斷或搶著說話，因為判斷和預測都可能失準，可能會讓別人參透你的內心想法，反而害自己損失利益。應該仔細聽完對方發言，接著慢一拍、想過再說，否則一切可能會前功盡棄。**

面對他人的炫耀，稱讚就對了！

如果有人向你炫耀自己買了好東西，很明顯就是希望得到你的認同，此時只要附和就好，即使無法稱讚，用其他方式積極回應，才是正確解答。

但是對快嘴快舌、輕率的人來說，他們常常做出測試對方底線的反應，例如：「那根本是在坑人」或是「在其他地方買更便宜」這類的話，讓人懷疑他們到底會不會說話。

老一輩的人常說：「對自己買的東西和選擇的另一半，必須無條件認同和稱讚」，既然是人家買的東西、自己選擇的配偶，又何必吐槽對方呢？

可以隨興地說話，但還是應該考慮對方的心情

有位L次長以便宜的價格買了一輛進口車，他開著新車上班的第一天，同事及職員們紛紛簇擁上來，大家都不禁讚嘆地說著：「好帥氣」、「好棒」、「恭喜」等好話，這時突然有人迸出一句話：「請客！」

大家常常在慶祝喜事的時候這麼說，升職要請客、買了新房子也要請客，其實說出這句話的人，心裡多多少少有著嫉妒的情緒，因此想讓發生好事的人多花錢。

然而當事人主動請客與被逼著請客，在感受上還是有很大的不同。無論如何，因為買到了便宜的好車，所以「請客」並不為過，但這個人又多嘴說道：「聽說買了新車，如果不請客可是會出事的。」

一瞬間，L次長的臉色沉了下來，因為這不是一句好話，甚至可以說是詛咒。怎麼會在別人開新車的第一天就說會出事呢？真是不會看狀況。

凡事都有萬一，還沒定論前先別說

某天，公司預告要發布人事命令，大家都三五成群地聚在一起討論。但一直過了下班時間，都沒有消息。最後，人事部長拿著簽呈走出會長辦公室，並對大家說：「會長說明天早上再公布。」雖然要多等一天，但員工們還是非常期待。

擔任祕書的K科長靠著與人事部長不錯的關係，私下問到了與自己關係很好的後輩P，也進入此次升遷名單，他興奮得不得了。於是在他確認所有人都下班後，連忙打電話給P，通知對方這個好消息。而電話另一頭的P開心透了，與家人們一起歡呼。

隔天，公司用廣播發布了人事異動的名單，但不知怎麼回事，當中並沒有P。原來，會長下班後指示人事部長，有幾名職員要再做調整。至於為什麼突然改變決定，只有會長和人事部長知道。

Ｐ原本與家人一起度過開心的夜晚，甚至還開了派對慶祝，這下期望有多大，失望就有多大。

後來，Ｋ科長和Ｐ漸行漸遠，因為在Ｐ眼中，Ｋ科長成了輕率的人，無法再被信任。

我們常聽到別人說，真相要到最後一刻才會水落石出，在此之前就脫口而出的Ｋ科長，應該考慮凡事都有萬一，並謹言慎行才對。

有一種尊重叫：守口如瓶

公司的男職員們，私底下幫一位女職員取了個「小花豬」的綽號，當然小花豬本人並不知道，但這麼做的用意不是為了貶低她，而是因為她身材微胖、言行舉止挺可愛的，所以才這麼叫她。

某天，大家一起聚餐時，有個喝醉酒的男職員不小心將這個綽號脫口而出，幸好小花豬當時不在場，所以男職員千交代萬交代所有人一定要保密，大家也答應絕對不會說出去。

結果隔天馬上有人把這件事告訴小花豬，她本人感到很難過，大家相處起來也變得很尷尬。在這件事中，不論是亂幫別人取綽號的男職員，或是揭發此事的女職員，都讓人感到心寒不已。

管好自己的嘴巴，不說不該說的話

為了慶祝結婚二十五週年㉘，我與太太決定去旅行，並決定到同學開的店裡與他一起用餐。這間餐廳的老闆是我的死黨，跟我太太也算熟識。

我們邊吃飯邊喝酒。醉意漸濃時，大家聊起了年輕往事，然而死黨卻在席間不小心洩漏了祕密，內容是我老婆的某位女性朋友在大學時期的醜聞。朋友以為，我一定會告訴老婆這個大八卦，但事實上我死守了這個祕密二十五年。

那天散會後，妻子數落了我一番，她說她感到很難過，並質問我為什麼隱瞞這件事。但我的想法是，沒有必要揭露無意義的醜聞，若我說了，太太往後可能無法再以正常的眼光看待那位朋友。除此之外，我認為保密是做人的基本道理，不該隨意洩露他人隱私。

最近我常感覺人們的嘴真的很不牢靠，讓人無法忍受。我曾經為了規劃某件事，請相關人士協助蒐集資料，並特意叮囑那人：「這件事我們兩人知道就好，在事情完成之前，千萬不能說出去。」但不可思議的是，不到五天的時間，這件事就已經成為天下皆知的「常識」，這一切讓我感到荒唐。

仔細想想，所有的禍根都出自於口，如果大家都能多想一想再說話，對於祕密也能緊守承諾、堅持閉口不談，這個世界就會變得更好吧？但那是不可能的。

讀者可以想想，你是否有個能讓你傾吐祕密，並守口如瓶的好友？如果你生命中有這樣一個人，那麼你是幸福的。很多人身旁有很多朋友、同事，但唯獨缺少能夠敞開心扉的朋友，所以在團體裡仍時常感到孤獨。

筆者算是個多話的人，我喜歡與人對話，工作上也經常需要表達，但我有一個堅持的原則，那就是，只要對某人來說很重要的祕密，以及答應別人不能說的事情，我都一定會遵守承諾，這也是我一直以來奉行的信念。

㉘節錄自作者於《韓國金融新聞》中的專欄內容，二〇〇八年六月二十九日。

只要是人，都會有想說話、想傾訴心情、想得到安慰的時候，而且會渴望這些內容能夠絕對保密。但不幸的是，大部分的人嘴巴都不牢靠，無法保守祕密，而且越強調不能說，他們就越容易說出去。所以每次只要向別人告解，就會害怕那些祕密某天成為我的弱點，像回力鏢反撲到我身上。

不僅在職場上，朋友、情侶到夫妻，也有很多因為擔心私事被曝光，所以無法進行深談的狀況，這些人也因此無法成為真正的親密關係。

所以如果想要真正融入社會生活，就必須對保密這件事有所覺悟和實踐，這也是人際關係中最基本的原則。只要能遵守這一點，就已經贏過許多人了，因為口才優劣並不是最重要的，能保密才是最優秀的人。即使你能將話說得滔滔不絕、天花亂墜，但只要洩漏祕密、亂說不該說的話，就不能算是一個會說話的人。

我們可以在生活中多多與人交流，但一定要記住——不該說的話絕對、絕對不要說。

“

語牛則滅，語妻則洩[29]。

——韓國諺語

”

[29] 意指不管關係再怎麼親近，說話都要小心，不可洩露不該洩露的祕密。

內容不是重點，語氣才能決定一切

大家應該可以發現，無論說話的內容如何，語氣才是決定一切的關鍵。近期市面上出現許多討論語氣的書，而且往往蟬聯於暢銷榜，可見現代人漸漸體會到語氣的重要性。

語氣二字在漢語字典中的解釋是：「語言中流露出的獨特方式或感覺」，不過這樣說似乎有點模糊不清，不如說是對方在接收語句時的感受，這樣解釋似乎較具體。

那麼語氣上也能慢一拍嗎?可以的，那就是溫和地說話。

西方語系的語調比起東方語系相對溫和，甚至有點韻律，所以有人說聽西方人說話就像在聽歌。

不過同為西方人的德國人又不太一樣，因為德語本身就有種生硬的感覺，所以聽不懂外語的人，也可以藉由語氣分辨是英語還是德語。

另外，同為東方語系，韓語與日語的語氣更是截然不同。因此即使說同樣的話，韓語比較容易給人粗魯、不親切的感覺。

你相信嗎？語氣真的會改變一個人的命運

語氣之所以重要，是因為同樣的一句話，若用錯語氣，可能會導向完全不一樣的結果，甚至可能導致關係破裂。

常與顧客打交道的人，經常會因為語氣而遭到投訴。最典型的就是被抱怨不親切、很冷漠，讓消費者心生不滿，其實這些大多是語氣惹的禍。

無論你內心如何，用和藹的語氣說話，就會得到親切的評價，相反地，用冷漠或傲慢的語氣，就會讓人感到不舒服。

而在日常對話中，語氣也會左右對話時的氣氛。傲慢的語氣，會讓對方感到不悅；而謙遜的語氣，自然會帶給別人好感，尤其展現幽默時更顯出語氣的重要性。

職場生活也不例外，舉例來說，下屬向主管提出建議時，如果以不客氣、生硬的方式說話，那聽起來就不是建議，更像是在表達不滿。

我就曾經遇過這樣的下屬，他提出疑問時，語氣就像在找碴，或是在拒絕分派給他的工作。

後來我們才知道，他好像因為曾發生過不幸的事，所以才會語氣不好，事實上是個忠心耿耿的老實人。

若真的要說，他因為語氣不好而吃了不少虧，如果能稍做改變，肯定可以受到重用。

世事和人際關係就是如此，看似微小的差異，也可以改變一個人的命運。

另外，夫妻間也經常因為語氣而使衝突越演越烈。根據韓國專門研究夫妻關係的「DUO諮詢中心」調查顯示，韓國夫妻每月平均有二．二次會因語氣而吵架；十人中有九人表示，另一半的語氣對夫妻之間的爭執有所影響。語氣怎麼會引起爭執呢？[30]在此我將其區分為「戀愛語氣」及「夫妻語氣」。也就是說，當戀愛語氣變成夫妻語氣後，夫妻之間就會常常起衝突。

請讀者回想，談戀愛時，即使發現另一半有錯，是不是也會用親切、溫和的語氣勸對方？但成為夫妻、共同生活一段時間之後，又變成怎樣呢？

很多人雖然充分了解語氣的重要性，卻還是會反其道而行，在指責對方時，故意用粗魯、強硬、不耐煩、冷冰冰的語氣說話。

而且當對方指責或抱怨自己時，不會選擇接受，而是一定要反駁回去。兩人也因此變得神經質、敏感易怒，導致爭吵加劇，嚴重甚至可能導致分手、離婚。

---

[30] 節錄自作者《Heyday》中的專欄內容，二〇一七年十二月。

不管是在職場還是家庭、面對顧客或是一般人，都希望大家可以更深切地意識到語氣的重要性。

如果正在用夫妻語氣說話的人，請試著努力改回戀愛語氣。如果內心並非像語氣那樣傲慢或咄咄逼人，那就更需要修正語氣，以免讓對方誤會了自己的真心。

如果覺得個性、習慣、語氣已經很難改變，那麼可以試著透過適當的表演來變化。別忘了，語氣是招攬觀眾的技巧，而且當其成為一種習慣時，你就會發現自己真的有所改變。

趁這個機會調整一下語氣吧！這麼做不是為了造福誰，而是為了讓你自己變得更好。

插嘴事小，但變成斷章取義就糟糕

有個妻子向丈夫提出離婚訴訟，在法庭上，法官詢問妻子想離婚的原因。妻子說：「因為我老公這兩年來，從來沒有跟我說過一句話。」

於是法官詢問丈夫為何會這樣，丈夫簡短地回答：「我只是不想打斷她說話而已。」他因為每次都錯過打斷妻子說話的時機，所以才會變成妻子總是一個人自言自語。

世界知名語言學教授黛博拉‧坦南（Deborah Tannen），在她的著作《男女親密談話：兩性如何進行成熟的語言溝通》（*You Just Don't Understand*）中曾自嘲，雖然同樣身為女性，但她也覺得女生確實比較愛嘮叨。

學會不打斷別人說話，才能取得成功

插嘴有干涉、衝突或干擾的意味。黛博拉稱這種行為是一種「掠奪」。儘管說話的人完全沒有掠奪意圖，也會讓對方感到痛苦，並出現：「對方完全沒在聽我說話」、「對方一點都不關心我說了什麼」的感受，甚至在男女關係中，會有「他並不是真的愛我」等感覺。

當然在對話中，插嘴有時會被視為是積極參與和充滿活力的表現。有時在氣氛融洽的私人聊天中，插嘴反而代表氣氛熱烈，並不會引起彼此的不快。

然而換作商業對話，情況就完全不一樣，打斷對方可能會引起衝突，進而導致爭吵，把事情搞砸。

個性急躁的人最常做出這種行為，這不是個性問題，是習慣使然。在對方尾音未落前就打斷，是最讓人惱火的行為，而且很傷感情，這樣一來，對商業上的合作或協商都有不小的影響。

換個立場想想，若你在與共事的人談話時，在還沒有說完的情況下，對方就突然開始發言，如此一來，他不僅無法完整理解你所要表達的事，還可能將話題導向不同方向。

插話的另一種形式是不聽完所有的話，就抓住對方話語之間的邏輯、表現或用語，將話題轉到其他方向，或挑起是非、斷章取義地拿部分發言大作文章，這樣更容易惹惱對方，害生意泡湯。

我們應該學會「慢一拍說話」的重要原因之一，就是要防止這種插嘴的行為。有專家認為，「不打斷別人的話」是最基本的話術原則，也是我們在社會上取得成功的重要法則之一。

應用篇

快筆記！「慢一拍說話」的技巧開大絕

牢記「囝仔人有耳無嘴」這句話

我想大家應該都會同意我的說法——大部分的人其實不善於討論。我們在職場中，大多時間都在接收指示，卻很少實際與同事們討論交流。甚至在探討各種議題的節目中，也常常看到名嘴們說得臉紅脖子粗，但最後總是演變成人身攻擊的爭執，實際上，真正在進行討論的人少之又少。

為什麼人們不善於討論？第一，**最主要的原因就是「長幼有序」的「父權意識」，以及社會風氣。**大人從小就教導我們「囝仔人有耳無嘴」，所以即使有不同意見也不能反駁，無論何種內容都叫做頂嘴。

這種文化也從家庭延續到職場上，在公司裡所謂的討論，並不是站在對等的立場上，隱約還是有長幼尊卑的位階觀念，對高位之人提出的意見不叫意見，而是反駁，所以還是乾脆把嘴巴閉上比較好。

第二，**不習慣在不帶感情的情況下表達自己的意見。**討論時我們經常會提出與他人不同的意見，但大部分人在表達時無法冷靜，多少帶著挑戰對方的心理，如此一來就容易影響語氣，變得像在反駁對方，若此時談話對象又是比較容易激動的個性，就很容易引發衝突。

第三，**人們很難接納不同的意見。**討論時，我們容易將不同意見視為「這個人在反抗我」，而非理解為「另一個不錯的意見」。加上前述提到的，對方表達時的語氣和姿態，也容易被認為在反抗。因此無法單純的就事論事，而是將提出意見之人視為敵人。

別把提出不同意見的人當作敵人，他可能是你的神隊友！

與他人進行討論時，關鍵在保持冷靜、有條有理地講出自己的觀點，更重要的是，學習接納對方不同的意見。這是討論的第一步，也是必備的要素。

若能不被情緒左右，有禮對待提出相反意見之人，那麼對方也會冷靜地遵守禮儀，如此才可稱為有效率、有效果的討論。

二〇一五年十月，美國總統競選進入白熱化，共和黨參選人川普（Donald John Trump）在演講時提出：「美軍駐韓並沒有造成韓國的壓力，對他們來說，那只是一點零頭費用罷了。」此話一出，引起一片譁然。

當時有位在場的韓裔大學生立刻反駁，他以冷靜沉穩的聲音說：「您所說的不符合事實。」川普不知所措地問道：「你是韓國人嗎？」崔姓大學生回答：「不，我在德州出生，在科羅拉多州長大。」

接著說：「在哪裡出生不是重點，不正確的事就必須糾正。」並加以補充：「韓國每年必須支付八億六千一百萬美元（約新台幣兩百七十億元），是一筆不小的負擔。」在此我們不討論誰有理，我想強調的是，反駁他人意見時該以何種態度面對。

通常我們在向某人提出抗議、質疑，或是不同意見時會特別不安。但這位大學生，年紀輕輕卻有著異於常人的穩定和冷靜，溫和表情中透露出真摯與堅定。想達到這種程度，必須有相當的自信，想學會表達的人應該多向他學習。

這位崔姓大學生還曾請日本針對慰安婦問題正式道歉。他見到日本首相安倍晉三時，先是有禮貌地自我介紹，接著請對方見諒他接下來太過直接的發言，整個過程中以最優質的禮儀和尊重對應。這也讓他接下來的提問與反駁更有分量，呈現出既穩重又冷靜的態度，令人讚嘆。

討論一詞在漢語字典裡的解釋為「大家對某些問題各抒己見」。儘管如此，大部分的人還是無可避免地將其理解成爭論勝敗，有種把對方當作敵人的錯覺。若是意見最後沒有被接受，就會認為自己在口頭「爭鬥」中失敗。

因此很多原本關係不錯的人，在討論結束後，會因為被勝敗的氛圍所左右，而導致關係破裂。

若以正面角度看待與自己不同的意見，那麼心情就不容易受到動搖，也不

會傷害彼此感情，因此我們必須調整自己看待、討論事情的標準和態度。

首先得學會冷靜地表達意見。即使聽到攻擊性言論，也要避免自己的情緒受到影響而演變為衝突，應該始終保持尊重及禮貌。

改變這種討論文化不是一朝一夕之事，但至少我們努力從改變自己的說話方式開始，相信總有一天會有所不同，發揮智慧、慢慢地整理情緒，再慢一拍說話，就是面對討論時的絕佳指南。

"

若要與人爭論就要先丟掉脾氣，
你若是有道理，
真相自會昭然若揭。

——美國作家約瑟夫．法雷爾（Joseph Farrell）

"

掌握「著急」心理，就能贏得勝利！

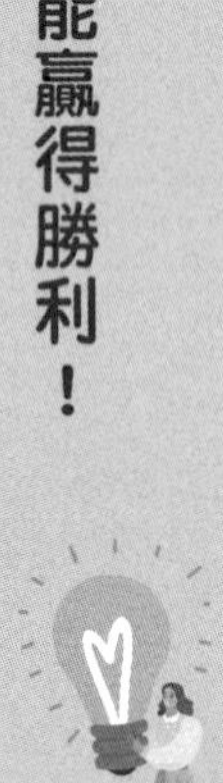

與他人進行討論時，若操之過急、過於主動，很可能會得到反效果，不僅讓自己的內心策略曝光，選擇也會因此受限。

此時退一步、緩緩應對，直到對方受不了先行發言，就可以發現對方的弱點，進而知道對方內心的想法，這也是一種討論的戰略，有利於幫助自己掌握狀況。

若想要這麼做，首先得讓對方心情變得焦躁、激動。

美國作家羅伯特·格林（Robert Greene）在其著作《戰爭的三十三條戰略》（*The 33 Strategies of War*）中提到，情急之下的行動就如同閉著眼睛奔跑一樣，所以如果想贏，就必須讓對方心急。

因為對手越是盲目進攻，你就越處於有利的位置，這不僅適用於戰爭，在討論、協商時也相當適用。

而當對方說話的速度開始加快時，音量也會自然而然提高。這種時候你反而應該放緩速度，用低沉的聲音慢慢說話，如此可以讓對方更加心煩氣躁，就更容易在協商中獲得勝利。

善用鮑威爾30%原則，提高會議效率

在某個商品開發會議上[31]，因為會議時間拖得很長，所以氣氛越來越散漫，大家都面露疲態。此時，一直保持沉默的H科長突然發言：「聽過大家的意見之後……。」這種沉默不語，直到關鍵時刻才表達想法的方式，是H科長的一貫作風，而他這麼做果然馬上引起全場注意，大夥兒都豎起耳朵傾聽。

事實上，每個公司多少有這樣的人存在。他們習慣在開會或討論時，先在一旁默默觀察，看場上的大家各說各話、熱烈發言，直到差不多該做結論時，才看準時機開口，雖然同樣是發表，但感覺起來就是比別人高招。

當然，為他人做總結，並提出獨創的意見或想法，是個好策略，但若是故意到最後一刻才發言，實際上就變成充滿心機的做法，這與慢一拍說話相去甚遠，而且幾次之後，其他人也一定能察覺你的計謀，對自身反而有害無利。

本書一再強調慢一拍說話，是希望大家待人處世切莫過於輕浮，別草率做出判斷，或是急於表現、事事搶第一。但並不是說透過習以為常的慢一拍說話，或是用膚淺的算計，故意等到最後一刻才發言，破壞會議或討論的效率。

決策者應該到最後一刻再發言

許多書都曾討論過猶太人的㉜「全體一致則無效」原則，這個原則正是

㉛節錄自《會議事半功倍的方法》（*20*代リーダー會議・ミーティングの進め方），內田政志著，二〇〇〇。

㉜猶太人馬爾文・托卡耶爾（Marvin Tokayer）撰寫的《猶太五千年的智慧》（*MOTTO COLLECTION OF WISDOM*）一書中寫道：「判處死刑時，若所有審判官意見一致，則判決無效。」猶太人認為意見一致是種陷阱。面對死刑判決，若是大家都持相同意見，沒有不同的見解與看法，就無法全面性地分析問題，容易造成冤案。

提醒大家，當所有人意見相同時，決策危險性最高，討論過程中也應該尊重少數意見，這才是正確做法。

但是在社會上，較弱勢的意見經常被忽略，或是被當成異類看待，只要觀察公司開會的狀況就能略知一二。通常主導會議的人，會希望最好沒有不同或反對意見，他們總認為得到全體一致的結果，才代表自己有領導能力。

事實上，少數的反對意見有其重要的意義，假設大家表決一件事，有九十九個人贊成，一個人反對，這個反對的人就是異類嗎？萬一主導者對那人的意見置之不理，急著讓表決通過，非常有可能錯失傾聽重要回饋的機會。

英國哲學家約翰．史都華．彌爾（John Stuart Mill）在其著作《論自由》㉝（*On Liberty*）中強調，傾聽少數意見非常重要。因此在表決前，應該以充分地自由討論為前提，千萬別輕率地下結論。

不過話雖如此，還是經常看到「快快文化」下呈現的會議。大家急於得到結論，所以在會議開頭，立刻由主管先提出意見，再交由下屬們自由發表，而下屬們早就學會察言觀色，幾乎都會盡量掌握、迎合主管的想法。

那應該怎麼做才好呢？答案很簡單，**領導者得牢記到最後才說話，比別人慢一拍說話、發表意見。若真的想聆聽好建議，就要蒐集各種不同的聲音，才能做出最有智慧的結論。**

領導者們這樣做就對了！

美國國務卿科林・鮑威爾（Colin Powell）是美國史上最年輕，也是首位由非裔美國人擔任參謀長聯席會議的主席，他還曾輔佐三任總統。

值得一提的是，他相當擅長演講。在馬克斯・巴金漢（Marcus Buckingham）與唐諾・克里夫頓（Donald O. Clifton）合著的作品《發現我的天才：打

㉝資料來源：《首爾經濟》，〈金亨哲的哲學經營〉一文，二〇一五年六月二十三日。

開34個天賦的禮物》（*Now, Discover Your Strengths*）中曾盛讚，他們在親自聽過鮑威爾關於領導力的演講後，兩人都認為，被大家譽為美國最優秀講師的戴爾．卡內基（Dale Carnegie），也未必能與之相比。

鮑威爾有個「百分之三十」的原則，那就是身為領導者，在主持會議時，發言只能占會議時間的百分之三十，如此一來，就有百分之七十的時間可以好好聽別人說。也就是說一分鐘、聽兩分鐘，更能從容地進行思考。

鮑威爾的中心思想是建議領導者多聽少說，話雖如此，大部分的人依然不得要領，只專注於自己想表達的意見、對下屬的抱怨，接著引起爭論，最後再強調自己的主張。但這麼做只會讓下屬們不願發言，依然無法得到更好的意見，所以大家對於決議內容，就容易心生懷疑。

請眾領導者們牢記：慢一拍、到最後再發言、多聽少說，如此便可以大大提高會議的效益。

“

坐在會議桌對面的人們啊，
當你們在說些沒有營養的話時，
很想告訴你們那些都是垃圾。
但我最終還是忍住了，
若是忍不了就會成為傷害，
因為那一瞬間就可能成為永遠的敵人。

——美國主持人　賴瑞・金（Larry King）

”

眼見不一定為憑，別太早下定論

我們平時總說「耳聽為虛，眼見為實」，其實眼見也不一定為實。孔子和顏回之間曾發生一個故事，證明了就算親眼所見，也最好慢一拍再定論。孔子與弟子們周遊列國，當他們到達陳蔡二國之間時，眾人因為缺糧已經七天沒有飯吃，皆體力不支。

此時，顏回從某處討了一些米，他們便煮起飯來。

飯快煮熟時，孔子聞香前去查看，但卻撞見顏回掀開鍋蓋，抓起一口飯放進嘴裡。孔子佯裝不知道這件事，也不責備顏回。

飯端上桌後，顏回請孔子先進食，孔子便假裝若有所思地說：「我昨天晚上夢到了祖先，所以我想把這鍋乾淨的飯拿一些來祭祖。」

顏回頓時慌張地說：「這鍋飯不可拿來祭祖。」

孔子問：「為什麼？」

顏回回答：「剛才煮飯時不小心掉了點灰到飯裡，這飯已經不潔，不可用於祭祖。但因為我捨不得把珍貴的食物丟掉，所以就把沾灰的飯吃掉了。」

孔子聽了感嘆地反省道：「大家都說眼見為憑，可眼睛看到的未必是事實，一般人依照頭腦判斷，然而判斷也有可能出錯。大家要記住，真心理解一個人是很困難的事。」

學習孔子的智慧：禮貌地對待下屬，必要時承認自己的錯誤

許多身為上司或年紀較長的前輩，往往認為自己的想法和判斷比下屬或後輩更好、更正確，所以經常用自己的標準來衡量他人，這就是所謂的「倚老賣老」。

正因為如此，所以上司經常不滿意下屬。像前述孔子對顏回那樣說話彬彬有禮的上司很少見，願意承認自己錯誤的上司更加難得。

有些主管的個性難以捉摸，甚至會亂發脾氣。這些人大多想讓下屬承認自己的想法錯誤，似乎這樣才能讓他們心裡感到痛快。

但證明自己是對的又如何呢？即使下屬犯了大錯，逼他道歉事情也不會變好，尤其是下屬如果已經知道自己有錯，這麼做更要不得。

因此，如果上司發現下屬做錯事，想要加以指責時，最好讓自己喘口氣、慢一拍再行動，深入思考事情的來龍去脈，再處置也不遲。

最好想想自己是否如孔子般判斷錯誤，再學習孔子以婉轉的方式點出顏回的錯誤之處。

給下屬留點面子，對方會更忠心地為你付出

有間公司舉辦創立二十周年的紀念活動，結果現場一片混亂，活動也搞砸了，這讓原本期待受到社長稱讚的金部長心情非常糟。

於是他便在活動結束後，把擔任主持人的崔科長叫過來訓了一頓：「你到底在搞什麼，哪有人這樣做活動的？你根本就沒有當科長的資格，就這點能耐，簡直就是公司的毒瘤！」

然而崔科長什麼話都沒說，默默地聽著金部長的訓斥。最後部長烙下一句：「你現在立刻給我滾！」就這樣，崔科長落寞地走了，事情暫時告一段落。

事後，崔科長繼續做分內的工作，金部長卻為自己過度的反應感到很在意，而其他下屬一整天都盡量避開部長，就像默默地支持崔科長並抗議：「活動辦得不好部長也有責任，為什麼就只會怪下屬呢？」讓金部長有點內疚。

身為上司、領導者，有不滿是很正常的，但這種情況下，正是展現雅量的最好機會。

在指責他人前，先調整好自己的心態，讓自己不被情緒影響，同時要就事論事。不要莫名其妙地翻起舊帳，甚至進行人身攻擊，這是最要不得的行為。

越是想責備下屬時，就越要慢一拍、想一想再行動。和緩的態度與沉穩的聲音反而更能讓對方記住錯誤，也能讓自己更有威嚴。給下屬留點面子，大家就會更忠心跟隨。適時地收斂，才能成為一個好的領導者。

對領導者來說，一分鐘的思考，
比一個小時的談話來得有價值。

——美國作家　約翰．麥斯威爾（John C. Maxwell）

身段再軟一點，才能從A跳到A+

要謙虛
否則你的守護神
會放開幸運的繩索
為了你的命運

謙虛
是放低自己
了解自己有多麼渺小
財富、地位、才華都微不足道

你必須真心了解
即使是無名的野花 也得恭敬地彎下腰凝望

謙虛
是懂得笑
向他人表達善意
仔細傾聽別人的話
點頭同意並銘記於心

謙虛
是不傷害別人的心
不看輕任何人
適度地抬舉別人

並時時進行自我反省

謙虛
可以不懂何謂謙虛，但要知道什麼是傲慢
在幸運面前不得意洋洋
對不幸也能坦然接受
知道人生終點留下後悔離開的感覺
那麼
謙虛
守護你的命運之神
會對你露出溫暖的微笑㉞

凡事不要過於驕傲，要懂得謙虛

有次我應邀出席一場演講，現場共聚集了五百多名女性。即使我已經演講多年，但每次上台前還是會緊張，類似一種「職前恐慌」。所以演講前我在休息室裡沉思，並默默祈禱自己可以盡全力完成這項工作。

曾擔任講師的人應該都同意，面對中年女性群眾是最讓人開心的事，因為年輕人聽演講時總是很冷淡，而這些四、五十歲的女性們則是高興就盡情地笑、用力地鼓掌，就算講師有點失誤也不會在意，可以讓演講者比較放鬆。

我的演講在如雷的掌聲中開始，因為台下有五百多名觀眾，所以我更加謙虛地放低身段，以和緩的速度發言，因為只有這樣我才不致於緊張地發抖。演講後半段，氣氛更加高漲，直到結束時，我就像當紅歌手表演完一樣，受到歡

㉞節錄自作者部落格，二〇一七年二月十八日。

呼聲洗禮。所以我更謙虛地感謝大家，深深向所有人鞠躬，並揮手離開講台。

接著我飛快地坐上車，前往另一個演講場所，下一場演講的聽眾是二十多名女性。在途中，我不停地回味剛剛所受到的讚美，不禁得意洋洋地佩服起自己，一邊想著下一場的聽眾只有二十多名，加上演講主題相同，所以完全沒有壓力和緊張感。

到達目的地後，我輕鬆地走進會場，這個場地與剛才五百多人的場地比起來，莫名有種寒酸的感覺。

演講開始後，我掐頭去尾的進入正題，但是因為省略了許多內容，所以講到一半就馬上感覺到步調不對，又因為邏輯不通，我開始語無論次，結果沒能將內容完整表達。而聽眾們把我心虛的樣子看在眼裡，所以氣氛越來越冷淡，最終，我搞砸了這場演講。

為什麼會變成這種下場呢？這可以從很多方面分析，不過簡單來說，就是我太過於自滿、太小看聽眾了。那天連續兩場的演講，讓我留下印象深刻的教訓，因為無論規模大小、聽眾數多寡，演講者都應該謙虛以待。

人只要謙虛，就會小心翼翼、慢一拍地發言，一邊理解聽眾一邊演講，這樣才是尊重聽者，也是避免自己犯錯的最好方法。聽眾們感覺到講者態度謙虛，也會打開心房，如此一來才能成就一場完美的演講；如果驕傲自大，就容易造成反效果。

越成功的人，越懂得放低身段

我們常聽到別人說：「做人一定要謙虛」，之所以會常常聽到，就是暗示著有許多人驕傲自大。然而我們應該謹記，說話隨便、處事輕率，總有一天必須為此付出代價。

身為一位專業講師，我因為必須說很多話而倍感壓力。因為再怎樣引經據典、說得再感人、聽眾們再如何讚美，我還是不免在心中浮現像是「我為什麼會說出那句話」、「如果換個講法就好了」這類懊悔的感覺。甚至還會有「是不是我說錯了什麼」這樣的想法，所以時常因為擔憂而睡不著。

要預防產生以上感受的唯一方式，只有謙虛地說話。因為如此一來，就可以提高聽眾的素質，講者也會更慎重地選擇用詞，那麼事後就可以大大減少後悔的情緒。雖然我總是提醒自己要謙虛，但經常還是會因為現場氣氛熱烈，或講到得意忘形時，不知不覺忘了要這麼做。

美國管理學家詹姆．柯林斯（Jim Collins），在他廣為人知的著作《從A到A^{+}》（*Good to Great*）中，針對「謙虛」提出了實證建言。

他在書中列出十一位創造出卓越企業的執行長們，請他們教導讀者如何說話、做人。這十一位成功人士皆擁有超群的成就，卻個個謙虛無比，從不在人前炫耀、自誇，柯林斯稱他們為令人讚嘆的謙虛。

說到底，謙不謙虛原在於說話。如果想要成功，記得對別人說話時要放低身段，並謹記「謙虛」這個重要原則，將其靈活運用於生活中。

懂得傾聽的人，最有說服力

若要讀者用一個詞形容日常生活，大家覺得會是什麼呢？

每個人想法不同，但寫過多部暢銷書的世界知名管理大師丹尼爾．品克（Daniel Pink），針對這個問題的答案是「銷售」，他認為**所有人的行為，基本上都是一種自我推銷。**

事實上，每個人都是銷售員，我們每天都在向別人販售創意、形象，並藉此說服、影響他人，讓對方相信我們，丹尼爾稱此為「非銷售的銷售」。

從銷售理論中學習說話的技巧

我們經常會有一種先入為主的觀念，認為具備社交性、個性活潑外向的人，天生充滿能量與熱情、喜歡說話、懂得積極表達自己的想法，所以與陌生人也可以相處得很好，讓對方感覺自在，因此較善於推銷、說服他人。

但根據歐洲及美國的研究結果顯示[35]，在銷售上最負面的行為就是過於主動熱情、太常連絡顧客。所以外向的人總是喜歡滔滔不絕，卻忘了好好傾聽對方說話。這樣的態度也是他們最大的絆腳石，會讓顧客想要迴避或逃跑。

相反地，內向的人則會傾聽對方說話，並以提問、作筆記的方式回應，不會刻意強調自己的主張。所以許多銷售專家表示，比起外向的人，內向者較善於推銷。

在此並不是要外向的人改變自己，因為內向的人也經常呈現出太靦腆、小心謹慎、消極的個性，他們可能不敢表現自我，或羞於向他人搭話。所以研究結果顯示，極端外向或內向的人，銷售效果最差。想做一個優秀的推銷員，就得讓自己外向與內向的個性適度均衡發展。

本書的重點不在銷售理論，我們應該銘記的是如何說服他人，進行銷售社會生活，也就是領悟該如何說話。

太過害羞、謹慎或是太過積極、熱情，都不是好事。所以**應該在展現積極前先慢一拍，仔細聆聽對方想法，這才是傾聽的智慧。**

比起說話，傾聽更能贏得信任

傾聽是由「傾」和「聽」組成，意指要把耳朵靠近對方，才能好好接受訊

㉟資料來源：《未來在等待的銷售人才》（*To Sell is Human: The Surprising Truth about Moving Others*），丹尼爾・品克著，二〇一三。

息。若把「聽」字拆解開來可以分成耳、王、十、目、一、心，可以解讀為：把耳當做王，讓耳朵聽見對方的聲音；十目眼望，讓眼睛看見對方的需要；一心專注，用真心使溝通成為橋梁。

傾聽並不是只有聽，而是需要用心[36]。查閱漢文字典，聽也有採信、取信的意思，所以也隱藏著接受說話之人要求的含意。如此一來，如何從容地聽、如何說服、贏得對方信任就有解答了。

---

[36] 節錄自作者另一本著作《溝通原理》。

“

會說話的基礎是少說話，
就像在音樂中會有休止符一樣，
以傾聽為本，
如此就算只說出一、兩句話也會發光。

——韓國作家　車東燁

”

留意3原則，讓幽默不淪為低級笑話

曾在韓國紅極一時的已故喜劇演員徐永春，有個廣為人知的故事，在他臨終前，有位後輩前來探望。

因為他來日無多，所以當下的氣氛非常感傷，但在那樣悲傷的氣氛之下，徐永春問後輩：「你最近過得怎麼樣？」當時正經歷艱難時期的後輩回答：「死不了所以活著。」徐永春聽了之後回答：「你死不了所以活著，而我是活不了所以得死啊。」

面臨大限之人，還有那樣的閒情逸致，從容的表現出幽默，換句話說，幽默也能創造從容。

小心，展現幽默感時一定要避免這3點……

在訓練說話的課程中，幽默也占很大一部分。既然本書內容與說話相關，那麼也應該討論這點，究竟幽默和慢一拍說話有關係嗎？當然有，讓我來為讀者們講解。

書店裡有許多討論幽默的書，從教導要領的理論書，到把淫言穢語、強詞奪理也視為幽默的書都有。

我自己寫過不少此類書籍，要我說的話，幽默應該是一種感覺，如果沒有幽默感，那麼要非常努力才可能成為幽默大師。相反地，天生幽默感強的人，即使沒閱讀過這些書，說出來的話自然就很幽默。

幽默是天生的，而且與隨機應變是共生的，有幽默感的人，通常臨機應變的能力也很強，這樣的人在說話時必須特別小心。

第一，**不能濫用幽默**。喜歡搞笑的人，共通點是隨時都想搞笑，但一不小心就會變成無稽之談，惹出口舌之禍的機率也比較高。未經思考過的幽默層出不窮，雖然能逗得大家哈哈大笑，卻也使自己成為一個可笑之人。不僅如此，越常展現幽默，就越容易失言。

第二，**不要使用低級的幽默。**講出低級的幽默，一不小心就會引起紛爭，而且可能會敗壞自己的名聲。

第三，**不要做出立即反應的幽默。**有幽默感的人，幾乎都會立刻對對方的話做出反應，或是直接打斷對方做出反應，人們會稱讚他們口才好、反應快。但請別忘了，立即做出反應，意味著有可能做出錯誤判斷，因此選擇詞彙和表達失誤的機率也會變高。

不濫用幽默、不說出低級的笑話、別太快做出反應，應該慢一拍再說話，如此就能在恰到好處的時機得分，這就是成為幽默大師的關鍵。

只要3招，讓不好笑的你進階幽默大師

讀者可能會問，天生沒有幽默感的人，就沒辦法成為幽默大師了嗎？當然可以，但務必記住以下三點。

第一，**改變對幽默的固有觀念**。一講到幽默，我們腦中就會立刻浮現拍掌捧腹大笑的畫面，或是搞笑藝人的表演，但沒有幽默感的人，就算重新投胎也很難做到。所以這類人別妄想一步登天，應該樹立一個實在的目標，也就是用適合自己的方式說有趣的話。

第二，**不幽默的人要「努力」搞笑**。所謂努力指的是豐富自己的說話內容，平時多看書、多觀察時事、用心蒐集有趣的事情，並記在腦袋裡，如此一來，在與他人對話時，就能不自覺地表現出來。

第三，**沒有幽默才能的人，要用其他方式來表現幽默**。因為天生好笑的人會對他人所說的話或事物做出立即反應，這是一種本能，但如果想要直接模

仿，反而可能把場面弄僵。所以，不幽默的人就必須從前述蒐集到的知識內容中延伸出幽默，也就是經過思考的幽默。接下來就舉個眾所周知的例子。

慢一拍，才能從容地展現幽默

要說到幽默高手，不得不提前英國首相邱吉爾，他的幽默堪稱經典，有許多有趣的故事流傳至今。

崇尚社會主義的英國工黨黨魁克萊曼・艾德禮（Clement Attlee），有段時期因為想要振興慘澹的英國經濟，所以主張把幾個重要的產業收歸國有，因此與邱吉爾對立。

有天，議會休會時，兩人在洗手間相遇。邱吉爾選擇了一個離艾德里最遠的小便斗，艾德禮問道：「你對我有什麼不滿嗎？」邱吉爾慢條斯理地回他：「我是害怕，因為你看到什麼大的東西，都想把它國有化。」

邱吉爾僅用一句話就化解了兩人尷尬的場面，同時還諷刺了對方，他就是如此幽默的人，所以想效仿他是很困難的。

另外，這個故事也可以成為我們的資料，未來與人對話時，適當地引用就能讓人發笑，這就是我所說的內容式幽默。

所謂的幽默，是只有心態平和、自信的人才能運用和享受的。凡事挑剔，對大小事敏感的人，容易把生活過得很痛苦，無法享受幽默的樂趣。

所以我們是不是應該慢一拍，好好思考、從容接受，用溫暖的眼光看待世界會比較好呢？

▼▼▼同場加映

從#Me Too運動中思考慢一拍原則

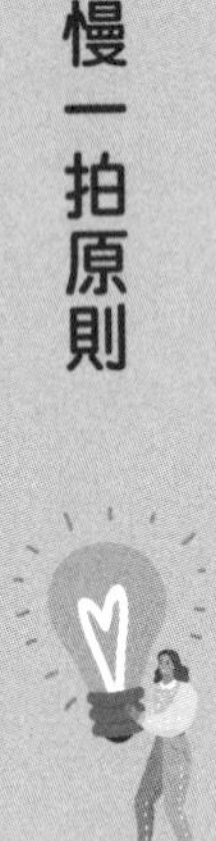

二〇一七年美國興起「#Me Too」運動，在世界各地掀起風潮，人們對於性騷擾、性暴力有了全新的認知，尤其是言語造成的性騷擾。

有一則真實案例：某天有七、八名男女職員一起吃飯，結帳時由最資深的一位男性負責買單，有名女職員說：「為什麼不大家平均分攤呢？」那名男上司想也不想就回答：「跟漂亮妹妹吃飯總要付點代價。」這讓在場有名女性以性騷擾為由提出抗議。

這件事的看法見仁見智，但我們可以確定的是，自己說出的話不是重點，對方聽了有什麼感受、如何解讀才是關鍵。

學會7步驟，臨時上台演講超 Easy

筆者在不久前曾擔任公務員甄選的面試官，過程中需要應試者用PPT自我介紹，當時我正好在寫這本書，所以格外仔細地聽他們發表。報告的人經常會出現不自知的盲點或失誤，而坐在下面的聽眾，尤其是處於審查角色的人，可以明顯地看出好壞的差異。

在公司內部會議，或對外擴展業務時，都經常需要利用簡報，若可以利用機會做出優秀的報告，除了達到預期目的外，還能有其他的外溢效果，讓你在人群中脫穎而出。

那應該怎麼做才能完美發表呢？我們在書店裡看到各式各樣與簡報相關的書，每個人的要領、適用方法、想要強調的內容都不同，所以沒有一個準確的答案。

簡報想要做得出色，首先內容要豐富、吸引人，或用一個與會者從沒見過的發表方式，都能引起聽眾的關注。有好的內容，再加上像賈伯斯（Steven Paul Jobs）那樣自信地進行陳述，一定會更吸引人。

只要7步驟，讓你上台不再凸槌

本書不是專業的簡報教學著作，所以不會詳談各要點，但會介紹報告時說話的原則，希望大家可以用心去實踐。下次讀者有機會上台報告時，不妨加以運用，相信一定可以讓你完美達成任務。

以下原則的核心理念依然是慢一拍，請從容地表達出你準備的內容：

(1) 消除緊張

站在聽眾面前當然是令人緊張之事，但如果表現出忐忑不安，就容易讓人認為你不夠專業，而且一旦緊張，就會結巴或越講越快。

若是越想著不要緊張，可能會更慌亂，這時就讓自己笑吧！笑可以讓人放鬆，或是有時乾脆坦白地說：「向大家做簡報真的很緊張。」也可以讓氣氛稍微緩和，有不錯的效果。

(2) 用日常說話的口吻報告

報告時，千萬不要像播報新聞一樣念稿子，或刻意說些天花亂墜的話，要知道在正式場合中，油嘴滑舌並不是好事，強詞奪理更是下下策。就以與聽眾們對話的心情，像在與朋友們聊天的感覺，自然地說出來就行了。

(3) 維持聲音的音調與速度

發表時，務必不停地自我檢視，盡量維持一定的音調和速度，這也可以視為慢一拍說話的要領。

(4) 適時調整聲音的輕重緩急

雖然第三點要大家保持聲音的音調和速度，但用千篇一律的語調，容易給聽眾業餘的印象，所以必須適時調整，讓聽眾持續保有注意力。

(5) 用視線與聽眾互動

說話時切勿把視線停留在半空中，或迴避聽眾的眼神。應該以堅定的態度看著聽眾們，並進行眼神交流。大概維持兩到三秒的時間，若是超過五秒以上，容易帶給對方壓力，而在視線交換之間也可以達到慢一拍的效果。

(6) 慢慢地、從容地說

緊張或興奮時必須自我提醒，並有意識地放慢說話速度。演講者可能會感到些許尷尬，但從聽眾的角度看來，反而會覺得講者有穩重、自信的感覺。

(7) 必要時，稍加停頓

演講時有個重點，就是暫停，在語句之間留些空白，可以緩和氣氛並讓聽眾再次集中注意力。

為何所有夫妻都該學「吵架」這堂課？

世上沒有一對夫妻不吵架，[37]根據美國《諮詢與臨床心理學》雜誌中提到，從不吵架的夫妻雖然相處順利，不過一旦出現問題，可能因為平時沒有應對爭執與矛盾的能力，所以非常容易閃電離婚。

這樣看來，夫妻吵架其實未必是一件壞事，反而可以說，有某種程度上的爭吵，才能算是健康的夫妻關係。因為他們在爭執過程中，可以表達出自己的不滿，讓對方理解自己，並找出兩人的妥協點。

在美國、歐洲，政府甚至為了減少離婚率，特地幫這些夫妻開設「吵架課」，教導夫妻們如何「健康」地吵架。

在此我們討論的並非涉及暴力行為的爭執，而是正常的夫妻爭吵，遇到這種狀況該如何應變呢？必須運用慢一拍原則。

婚姻裡最傷人的不是離婚，而是情緒上的氣話

雖然前面說到夫妻吵架有其必要性，但我們不能否認，經常起口角必然會讓兩人關係出現裂痕，甚至讓彼此漸行漸遠，在離婚成為家常便飯的今日，更是如此。

也許有人會問，夫妻都是為了一些小事而吵，真的有這麼容易離婚嗎？在電視節目上現身說法的人們證明了這點。

不僅如此，在春節或中秋等節日後，離婚率會突然暴增，這就是節日症候群。這些夫妻平日累積的不滿，因為過節時的瑣碎事物而被點燃情緒，進而爆

㊲ 節錄自作者的另一本著作《會吵架的夫妻才是成功的》。

發爭吵，導致離婚。

雖然吵架也是解決矛盾的一種方法，但未爆發爭執時，心裡應該謹記慢一拍的想法，最好先忍下怒氣，能避開就盡量避開對方，讓雙方各自冷靜。

慢一拍回應，可以稍微中斷兩人之間憤怒的情緒，克制自己不要說出氣話。不過一旦爆發爭吵，就請耐心、正面地進行溝通。

然而在大多數情況下，激動時所說的氣話通常與吵架內容無關，所以對方聽在耳裡會更加難過與心痛。即使雙方和好後，那些話也可能成為心裡揮之不去的疙瘩。

其實生活在一起免不了有些拌嘴，但無論情緒多激動，我們都必須謹記「絕對的勝利會帶來絕對的後悔」，夫妻間沒有誰輸誰贏，只要有一方受傷，就是全盤皆輸。

為了讓夫妻之間進行健康溝通，所以應該合意建立起一種「吵架規則」，英國雜誌《好管家》（*Good Housekeeping*）曾提到，幸福夫妻與不幸夫妻的差異，就在於局面失控之前，夫妻是否會停止爭吵。

若在兩人情緒激動時，能說「我知道你很辛苦」，或是「我們兩個人都要反省」這類的話，暫時緩和情緒，讓雙方平靜下來，較容易順利和好。另一種方法是所謂的「暫停制」，在夫妻激烈爭吵時，宣布暫停，彼此稍微分開一段時間，各自冷靜。

但是每對夫妻狀況不同，實際狀況還是無法預測，所以最好的方法還是**慢一拍再行動**。

無論是哪一方，若能照著我的建議做，就不會造成太大的傷害，可以大大增加圓滿落幕的機率。那麼夫妻中究竟誰該當那個慢一拍的人呢？當然就是正在讀這本書的你了！

奧客心態，其實都是快嘴惹的禍

在社會性或契約性關係中，占優勢的一方我們經常稱為甲方，較弱勢一方則稱為乙方，而甲方仗勢對乙方所做出之蠻橫、惡劣的行為，即稱為「甲方行徑」。

先進國家對於這個名詞較陌生，所以英語中並沒有相對應的詞可以表示這種行為。

二〇一四年底，韓國爆出有名的「堅果返航」[38]事件，讓奧客行為成為熱門話題，外媒紛紛使用「高度壓迫型態」（high-handedness）加以說明。

而韓國國立國語院的網路辭典，也在二〇一六年十月，正式將「甲方行徑」列為新詞語。

雖然這個詞的歷史不長，但類似案例卻層出不窮。

善於創造新語詞的日本則用權力（power）加上刁難（harassment）組合而成「powerhara」一詞，以表達這種「大欺小」的狀況，意指處於較優勢地位的人，使喚或戲弄弱者的意思。

換個角度，學會體貼、理解提供服務之人

在第十四章中我們曾舉法官的例子，這就是一種甲方行徑。不過最常讓人聯想到的還是顧客與服務者的關係，也就是最原始的甲乙方對等關係。

㊳ 當時大韓航空副社長趙顯娥（韓進集團會長兼大韓航空公司社長趙亮鎬之長女）以乘客身分乘坐紐約飛往首爾的大韓航空班機，因空服員未事先請示趙顯娥就提供了一包堅果點心，且沒有先打開包裝倒在碟子上，趙顯娥因而大怒，還命令機長返航把座艙長趕下飛機。此事件不但引起韓國民眾譁然，也受航空管理部門及海外媒體的注意。

近年來客人惡意刁難服務員的事屢見不鮮，隨著喊出服務至上的口號，有更加嚴重的趨勢。

在生活中，有時我們是服務他人的人，有時則扮演顧客的角色。

在這世上，即使是藝術家這種不昧世俗的行業，也必須面對顧客，所以身為普通人的我們不僅是甲方，同時也都具有乙方的身分。

如此說來，我們應該經常站在乙方的角度，理解對方的心情才是。但事實並非如此，通常我們處於顧客角色時，都會忘記體貼對方，一不小心就可能做出甲方行徑。

研究顯示，曾受到甲方行徑加害的乙方，在成為甲方之後，反而會做出更加激烈的行為。就如同曾受惡婆婆對待的媳婦，在面對自己的兒媳婦時，也會變成別人口中的壞婆婆，這是一種出於補償心理的報復行為。

人們經常以為只要冠上顧客之名，就像皇帝一樣高高在上。不僅不尊重他人，甚至口出惡言或性騷擾。例如因為颱風天，導致貨物配送不及，有人就會不留情面地說：「就算用爬的，也要準時幫我送到。」」

美國CNN曾選出「韓國最強十件事」，㊴其中有項是空服員的服務態度非常親切。

但我們從另一方面來看，這些奧客橫行霸道的同時，意味著空服員正承受莫大壓力，想到他們的情況，不禁令人同情。

筆者曾在二〇一四年擔任韓國講師協會會長，那時我就曾提倡過「顧客親切」運動，請大家積極實行對服務者說「謝謝、對不起、辛苦了」並面帶微笑，但當時並沒有受到太大迴響，我想或許是因為有很多人不想放下身為甲方的權利吧。

所以，看過上述例子，未來當我們在**面對這些服務者時，務必提醒自己應該多體諒對方，做一個優良客人**。

㊴ 資料來源：《韓國金融新聞》，曹冠日專欄，二〇一三年十二月八日。

或許有些服務員不親切，但我們也不該做出侮辱人格的反應，不如慢一拍、放鬆情緒，等冷靜過後再用比較溫柔的態度回應。

這麼做就能形成一種良性循環，乙方會提供更優質的服務，社會也能更加和諧。

不僅如此，若有天你成為乙方時，可能也會獲得同等回報，遇到體貼待人的甲方。

“

不要急著說出口，
要想得比顧客快、說得比顧客慢，
在說話時偶爾停頓喘口氣。
若過於惜字如金，等於是無視顧客，
容易招來誤會，千萬要小心。

——人際關係專家　戴爾．卡內基（Dale Carnegie）

”

最後提醒：別讓網上發言，毀了你一生！

文字如同說話，它是一種語言，也是表達意識的一種手段。有時人們用筆記錄下想說的話，但寫作跟說話一樣，只要性急，往往容易因為說錯話招來禍端。更何況，在社群媒體蓬勃發展的現代，比起語言，文字更容易引起筆戰，因此本書雖談說話術，卻也不得不提網路文字。

不久前曾有個新聞，[40] 報導指出有十多名被哈佛大學錄取的新鮮人，因為在錄取生的社群媒體群組中拿性侵、大屠殺、兒童死亡以及種族主義開玩笑，而遭到校方開除。

調查顯示，美國大學招生時，有百分之三十五的學校會確認申請者的社群網站，另有百分之四十二指出，網站上若有不當的內容，可能對入學審核造成不好的影響。

不只是申請入學，應徵工作時，企業也經常觀察求職者社群網站的活動狀況，任何在網路上不經思考就發表的言論，可能會左右你的人生，所以我們應該慎重地看待這件事。

韓國也出現很多喜愛偶像藝人的年輕粉絲，透過社群網站攻擊、侮辱其他藝人，結果自己也遭受其他粉絲攻擊，甚至因此上法庭。

社群網路的危險性之大，連美國前總統歐巴馬都曾說：「如果在我小時候有這些社群網站，我可能就做不了總統了，因為如果年輕時留下了錯誤行動或言行，會讓未來遭遇很多困難。」

---

❹⓪ 資料來源：《朝鮮日報》，〈年輕時在社群網站留下的錯誤〉，安錫培，二〇一七年六月八日。

學會5要點，讓你在網路上發言從此不再戰戰兢兢

最近我漸漸發現，發表文章前無論如何反覆閱讀、修改，最後還是可能受到酸民攻擊，在此，㊶我推薦讀者們依照以下五要點，小心謹慎地思考過後再發表文章：

(1) 生氣時絕對不可以發布文章

當我們接觸政治相關新聞時，常因生氣而脫口罵人。在職場上也經常因為正義感，憤而將公司不合理的事情上傳到臉書，但這可能會成為你被別人攻擊的把柄。所以想要在社群網站上傳任何內容前，請千萬要再思考一下，切勿在情緒激動（尤其是酒醉）時發布文章。

(2) 發表善意的內容

讀者們非常敏感，所以文章內容是善意或惡意，很輕易地就會被察覺。因此若是惡意的內容，最好不要發布，以免引起反彈。

(3) 學會站在讀者的立場

人們寫作時通常會帶有自我意識，尤其東方文化傾向於指導別人，所以經常以自己的標準審視他人。我們應站在讀者的立場修改及調整文章內容。

(4) 避免落入惡魔的陷阱

這個世界上的瘋子比我們想像得多，有些酸民甚至連看到「加油，年輕人」這類勉勵的話，也會留下「你他X的加油」的類似言論。因此寫作時，請

㊶ 節錄自作者部落格，二〇一六年三月五日。

忘掉這些惡意攻訐，避免自己陷入負面循環。

(5) 想一想將來，晚一點上傳

現代人經常以網路發布的文章來評斷一個人。從錄取職員到銀行信貸評價，這些網路上的文章都是他們的評判標準，因此上傳前應先考慮，那些文字有沒有可能在未來扯你後腿。

網路媒體的時代，在網路上發表的文字會留下紀錄，甚至影響你的人生，所以發表前務必先停下來，好好思考再決定是否要上傳。人生的事情很難說，沒人知道會遇到幸運或是暗礁，因此絕對不可任意發言。

再三思考、確認後再發布文章，才不會引起紛爭

我到目前為止出過不少書，也與許多出版社合作過，在他們看來，我應該

是位非常難搞的作者，因為我的文章不讓人修改，書名也幾乎出自我手，因此有時會與負責的編輯起爭執。

出版社編輯們似乎有種職業病，他們看到文章第一件事就想修改。相對地，作者也有職業病，看到別人修改已經寫好的文章，就會感到煩躁。當然有錯別字、不通順之處，或是想到更好的表達方式，可以與我討論後進行修改，但如果編輯默默依照自我喜好修改我的文章，我心裡會很不是滋味。

無論文筆如何，我相信所有作者在送出稿子之前，一定會一再修改至完美，除此之外，在選擇用語及使用的理論上，可能都有自己的判斷與想法，所以如果只針對部分修改，那麼整本書可能就會與作者原意有所出入，所以我通常會要求編輯們不要修改我的文章。

不久前，我將一篇精心寫成的稿子寄到報社去，結果編輯二話不說，大肆地修改了一番。直到我在報紙上看見時，才發現文章被改得亂七八糟。其中最核心的部分消失了，內容變得模稜兩可、非常奇怪。

而這篇文章被同步分享到臉書粉絲專頁上，因為我覺得修改後的內容與原意相去太遠，所以便在貼文下方鍵入：「我的文章上報了，但是卻被截長補短，成了沒有內涵的文章。沒搞清楚作者意圖就擅自修改文章～這也是一種病啊！」

對於這件事我感到怒火中燒，但就在我即將按下送出前，我突然停下來思考，若是報社的編輯看到了，會有怎樣的心情。

於是我以編輯的角度轉換想法：有沒有可能是我發表的文章字數太多，版面卻有限，所以這位編輯修改過後會比較好處理？還是因為編輯不想製造紛爭，所以才改成這樣？又或許編輯是站在讀者的角度才進行修改？

我稍微調整了呼吸、放鬆自己的心情，試圖理解修改文章之人的心態及考量，並深入思考發表言論的後果。

於是我把留言修改了一下：「我的文章上報了，但仔細一看，發現與我的原稿有點不同，所以我把原稿也上傳，大家可以看看兩篇文章有什麼不一樣～

互相比較一番也很有意思吧？」

留言中仍然隱含著一點受傷的心情，不過還是比最初的內容要好多了，我不是在找碴，這樣的做法，既可以讓讀者了解文章的原始內容，也不會對不起報社編輯，果然慢一拍、忍一下是對的。

發表在網路的文章大致可以分為兩種，一是炫耀，二是評論。後者較容易產生問題，無論是對政治，或是音樂、電影的評價，我們容易說出差勁之處。但是你必須注意，給予批評和否定的意見時，容易不自覺陷入憤怒當中，這是人類微妙的心理作用。若是有人針對你的評論按讚，自己會因為被認同而興奮；相反地，若有人反對你的意見，就不免感到生氣。

所以最好多發表肯定的文章，雖然還是可能會有酸民故意挑起是非，但總比發表強烈批判的文章要好。**現代社會越來越複雜，很多人會在雞蛋裡挑骨頭，所以盡量以正面心態迎擊，在發表文章前也要切記好好地思考、確認。**

培養贏家體質，從「習慣慢一拍」開始

寫書可以與自己對話，同時也是一種自我反省、警惕。若有人問我其中最大的收穫是什麼？我會回答：「這些內容，都對我的人生造成很大的影響。」一例如我的第一本書談到「親切」，原本我並不是那麼親切的人，然而在我寫這本書的過程中，我也不知不覺地學會親切待人。

同樣地，現在這本書也是出於自我反省。我一邊回顧過去曾因個性急躁所犯的錯，一邊警告自己未來不可再重蹈覆轍。在寫完這本書之後，我也期許自己成為一個說話慢一拍的人。

在此，我想介紹幾個聖經中關於慢一拍說話的警語，這不僅有助於加強我的主張，也有助於強化讀者的信念：

● **我們在許多事上都有過錯，假如有人能不在言語上犯錯，他就是完美的人。**——雅各書 3：2

這段文字在各種錯誤中，特別強調口誤的重要性。

● **在神面前不可冒失開口，也不可心急發言。**——傳道書 5：2

這是在警告我們，千萬不可操之過急，搶著將話說出口。

● **你見過言語急躁的人嗎？愚昧之人比他更有指望。**——箴言 29：20

急著說話的人，比所謂愚昧的人更加愚蠢。

● **不先聆聽就回答，這就是他的愚妄和羞辱。**——箴言 18：13

應該先傾聽別人說的話，也可以解釋為不要急於承諾。

- **我親愛的弟兄們，你們要知道，人人都應該快快地聽，慢慢地說，晚一點動怒。**——雅各書 1：19

不僅是提醒我們要傾聽且慢一拍說話，似乎也是對易怒的人提出建言。

- **人的驕傲必使他卑微；心裡謙卑之人，必得尊榮。**——箴言 29：23

人千萬不可驕傲，一定要謙虛。

品味上面節錄的句子，聖經彷彿為慢一拍說話下了結論。

慢一拍真正的意義是……

以下我將用前文提到，那位救助北韓士兵醫師的成長故事作為結尾。

李國鐘醫師從小家境清寒，他的父親在韓戰時因誤踩地雷，不幸失去一眼，手腳也因此受傷，是二級殘障的國家有功人士。但李國鐘一直到念中學前，都未曾提及父親之事，因為他不願意被別人說自己的爸爸是殘障。

不只如此，這些對國家有功之人看診時，只要持特惠卡片，醫院就必須少收錢，因此很多醫院看到持卡人都冷漠以對，甚至讓他們吃閉門羹。

然而有天，李學山外科醫師看到少年李國鐘拿著那張卡片，依然用心地診療，讓他非常感激地說：「謝謝你看到這張卡還是費心診療。」醫師對他說：「你應該以你的父親為榮，好好用功，將來一定要成為一個優秀的人。」

再次強調，我們提倡慢一拍說話的終極目標是為了預防口誤，但更進一步其實也可以解讀為，是為了像那位醫師一樣，對還是小朋友的李國鐘說出寶貴之言。在深思熟慮之後說出的話，有時可以改變一個人的命運。

慢一拍說話——這單純的原則不只可以改變說話的方式，還可以進一步改善人際關係，讓自己，甚至是他人的生活更好，就讓我們期待改變吧！

國家圖書館出版品預行編目（CIP）資料

超慢說、不回答的贏家習慣：40招終結懊悔、預防口誤的說話技巧！／趙寬一著；馮燕珠譯. -- 新北市：大樂文化，2019.08
240面；14.8×21公分 --（Ub；51）
譯自：한 템포 늦게 말하기 : 늦게 말하는 사람이 이긴다

ISBN 978-957-8710-29-0（平裝）
1. 說話藝術　2. 人際關係

192.32　　108010169

UB 051

超慢說、不回答的贏家習慣

40招終結懊悔、預防口誤的說話技巧！

作　　者／趙寬一 조관일
譯　　者／馮燕珠
封面設計／蕭壽佳
內頁排版／顏麟驊
責任編輯／高丞嫻
主　　編／林宥彤
發行專員／劉怡安、王薇捷
會計經理／陳碧蘭
發行經理／高世權、呂和儒
總編輯、總經理／蔡連壽

出 版 者／大樂文化有限公司
地址：新北市板橋區文化路一段268號18樓之1
電話：（02）2258-3656
傳真：（02）2258-3660
詢問購書相關資訊請洽：2258-3656
郵政劃撥帳號／50211045　戶名／大樂文化有限公司

香港發行／豐達出版發行有限公司
地址：香港柴灣永泰道70號柴灣工業城2期1805室
電話：852-2172 6513　傳真：852-2172 4355

法律顧問／第一國際法律事務所余淑杏律師
印　　刷／科億印刷股份有限公司

出版日期／2019年8月26日
定　　價／280元（缺頁或損毀的書，請寄回更換）
I S B N　978-957-8710-29-0

優渥叢書

優渥叢書